新时代文化改革发展案例选编

中共中央宣传部文化体制改革和发展办公室 编

学习出版社

图书在版编目（CIP）数据

新时代文化改革发展案例选编 / 中共中央宣传部文化体制改革和发展办公室编. -- 北京：学习出版社，2022.10

ISBN 978-7-5147-1174-5

Ⅰ. ①新… Ⅱ. ①中… Ⅲ. ①文化事业－体制改革－案例－中国 Ⅳ. ①G12

中国版本图书馆CIP数据核字(2022)第171454号

新时代文化改革发展案例选编

XINSHIDAI WENHUA GAIGE FAZHAN ANLI XUANBIAN

中共中央宣传部文化体制改革和发展办公室 编

责任编辑：宋 飞
技术编辑：刘 硕
装帧设计：美 威

出版发行：学习出版社
北京市崇外大街11号新成文化大厦B座11层（100062）
010-66063020 010-66061634 010-66061646
网 址：http://www.xuexiph.cn
经 销：新华书店
印 刷：北京顶佳世纪印刷有限公司

开 本：710毫米×1000毫米 1/16
印 张：16.25
字 数：175千字
版次印次：2022年10月第1版 2022年10月第1次印刷

书 号：ISBN 978-7-5147-1174-5
定 价：52.00元

如有印装错误请与本社联系调换，电话：010-67081356

出版说明

党的十八大以来，以习近平同志为核心的党中央把文化建设提升到一个新的历史高度，把文化自信和道路自信、理论自信、制度自信并列为中国特色社会主义“四个自信”，把文化建设作为“五位一体”总体布局的重要方面，把文化体制改革作为全面深化改革的重要内容，我国文化建设在正本清源、守正创新中取得历史性成就、发生历史性变革。按照中央关于全面深化改革的总体部署，文化体制改革坚持以人民为中心的工作导向，坚持把社会效益放在首位、社会效益和经济效益相统一，以推动文化高质量发展为主题，以激发全民族文化创新创造活力为中心环节，加快完善文化管理体制和生产经营机制，建立健全现代公共文化服务体系和现代文化产业体系，推动文化和旅游融合发展，推动中国特色社会主义文化制度逐步成熟定型，国家文化治理体系和治理能力现代化水平显著提高，为促进人民精神生活共同富裕、到 2035 年建成社会主义文化强国打下坚实基础。

为深入总结新时代特别是党的十九大以来文化改革发

展新成效新经验，挖掘提炼工作实践中的有益做法和创新举措，我们在各地各有关部门总结推荐的基础上，从近500个案例材料中遴选出60个具有代表性、典型性的工作案例，编辑形成了《新时代文化改革发展案例选编》。全书分为9个篇章，涵盖了文化改革发展的重点领域和主要工作，包括文化强省（市）建设、宏观管理体制、微观运行机制、媒体融合发展、公共文化服务、优秀传统文化、文化产业发展、文旅融合发展、文化经济政策等方面，力求突出改革特点和工作亮点，注重示范性和可操作性，以供宣传文化部门和文化企事业单位学习借鉴，并结合各自实际在新时代新征程的改革实践中推广运用，将改革不断引向深入。

在本书编辑出版过程中，中央宣传部、中央网信办、文化和旅游部、国家广播电视总局相关司局，人民日报社、新华社、中央广播电视总台相关部门，各省（自治区、直辖市）党委宣传部文改办和部分文化企事业单位给予了大力支持。在此表示衷心的感谢。

中共中央宣传部文化体制改革和发展办公室

2022年9月

目录

CONTENTS

第一篇　谋划推进文化强省（市）建设

第二篇　完善文化宏观管理体制

第三篇 深化文化企事业单位改革

第四篇　深化媒体融合发展

第五篇　提升公共文化服务水平

第六篇　传承弘扬中华优秀传统文化

第七篇　推动文化产业高质量发展

第八篇　推动文化和旅游融合发展

第一篇

XINSHIDAI WENHUA GAIGE FAZHAN ANLI XUANBIAN

谋划推进 文化强省（市）建设

北京加快推进全国文化中心建设

近年来，北京市深入贯彻落实习近平总书记有关重要论述和重要指示精神，把握首都定位、坚持首善标准、发扬首创精神，围绕构建古都文化、红色文化、京味文化、创新文化“四个文化”，扎实推进全国文化中心建设，文化事业和文化产业不断创新发展，千年古都绽放出新的时代光彩。

一、高规格组织实施，建立全国文化中心建设领导体制和工作机制

成立全国文化中心建设领导小组，市委书记任组长，市长任第一副组长，市委常委、宣传部部长和分管副市长任副组长。领导小组成员单位包括市委办公厅、市政府办公厅、市委组织部、市委宣传部、发展改革委、财政局、国资委等部门及公园管理中心、国有文化资产管理中心、文投集团等企事业单位，共 42 家。领导小组下设“一办十三组”，“一办”即领导小组办公室，设在市委宣传部，主任由市委常委、宣传部部长兼任；“十三组”

分别为老城保护、中轴线申遗、大运河文化带建设、长城文化带建设、西山永定河文化带建设、文化内涵挖掘、文化建设、产业发展、国家文化公园建设、琉璃河国家考古遗址公园专项建设、“大戏看北京”、博物馆之城建设、文化产业园区高质量发展等 13 个专项工作组。完善推进落实工作机制，建立“双周调度”制度，推动上下贯通、部门协同、资源整合，有效解决跨领域跨部门重点难点问题，建立督查考核制度，确保议定事项落地落实。

二、高水平战略谋划，加强新时代首都文化发展顶层设计

确立“一核一城三带两区”总体框架，“一核”是以社会主义核心价值观为引领，建设社会主义先进文化之都；“一城”是北京老城；“三带”是大运河文化带、长城文化带、西山永定河文化带；“两区”是建设公共文化服务体系示范区和文化产业发展引领区。健全规划政策体系，发布《关于新时代繁荣兴盛首都文化的意见》，实施全国文化中心建设中长期规划和“十四五”时期建设规划、公共文化服务体系示范区和文化产业发展引领区建设中长期规划、老城整体保护规划和三条文化带保护建设规划等，印发历史文化名城保护、文物保护利用改革等政策文件。强化重点项目带动，以中轴线为牵引，加强北京老城全面保护，推动北京中轴线申报世界文化遗产，推进先农坛等重点文物腾退保护和环境风貌整治。贯彻落实国家文化公

◎ 北京深入推进中轴线申遗保护

园战略部署，统筹抓好大运河、长城北京段国家文化公园建设，牵引推进三条文化带建设，不断优化城市文化景观格局。

三、高效能激发活力，深化重点领域和关键环节改革

一是深化媒体改革。推进北京广播电视台“三台合一”，推动北京日报报业集团完成内部融合改革。促进传统媒体转型升级，推进“北京云”融媒体市级平台建设运营，推动区级融媒体中心提质增效。二是深化国有文化企业改革。实施市属文化企业“一企一策”综合改革，推动企业压缩管理层级、减少法人户数，健全外部董事制度，推进经理层成员任期制和契约化管理，释放经营发展活力。三是深化国有文艺院团改革。出台“院团 18 条”

改革方案，将4家事业院团和8家转制院团统一纳入双效综合考核范围，考核结果与财政扶持挂钩。建立剧院运营服务平台，打造北京剧目排练中心。创新推出“会馆有戏”品牌，引导市属文艺院团量身定制“小而精”“小而美”的文艺演出，带动湖广会馆、颜料会馆等8个会馆旧址重焕生机。四是深化文化市场综合执法改革。整合原市文化市场行政执法总队、市旅游执法大队、市文物监察执法队机构和职责，组建北京市文化市场综合执法总队，推动区级文化市场综合执法机构改革，形成线上线下、多领域、大综合的执法格局。

四、高标准满足需求，丰富优质文化产品和服务供给

一是打造“大戏看北京”文化名片。制定工作方案36条，完善专项工作推进机制，统筹使用各类基金，优化资助结构和方式。发布北京大戏名录，举办首届“大戏看北京”展演季，助推出人出戏出精品。推出电视剧《觉醒年代》、话剧《香山之夜》、京剧《李大钊》等一批叫好又叫座的优秀作品。二是加快推进公共文化服务体系示范区建设。创新实施文化惠民工程，完善公共文化设施网络体系，全市公共文化设施覆盖率超过98%，基本形成15分钟公共文化服务圈。推进“书香京城”建设，2021年年底实体书店数量达到2076家；加快“博物馆之城”建设，编制“博物馆之城”建设发展规划，制定印发鼓励社会力量兴办博物馆的意见，全市备案博物馆达到200余家。三是充分挖掘红色文化资源。以革命文物集中连片保护为重点，以重大时间节点为坐

标，精心规划建设建党、抗日战争和新中国成立三大红色文化主题片区。

五、高质量培育创新，完善现代文化产业体系

着眼优化文化产业布局结构，出台专项改革政策，推动新首钢、“751”、郎园等一批工业遗产转型为文化空间；出台推进文化产业园区高质量发展若干措施，成立文化产业园区协会，全面提升园区服务能力。大力实施“文化 +”战略，推动文化与科技、旅游、金融等融合发展，深化模式创新、技术创新和应用场景创新，大力发展数字出版、数字阅读、网络视听、电子竞技等新型

◎ 推动工业遗产转型文化空间，图为首钢文化产业园

文化业态，推动冬奥元素扮靓“双奥之城”。2021 年，全市文化及相关产业增加值占 GDP 比重超过 10%，规模以上文化及相关产业企业实现营业收入 17563.8 亿元，在全国占比 14.75%。举办北京文化论坛、北京国际电影节、北京国际设计周、国际视听大会、音乐产业大会、“网络文学 +”大会和“电竞北京”等活动，推进国家对外文化贸易基地（北京）、国家文化出口基地建设，不断提升文化影响力。

上海积极推动国际文化大都市建设

近年来，上海市深入贯彻落实中央关于推进社会主义文化强国建设的战略部署，围绕国际文化大都市建设目标，坚持中国特色社会主义文化发展道路，用足用好红色文化、海派文化、江南文化资源优势，充分激发文化创新创造活力，城市精神和城市品格日益彰显弘扬，文化治理体系和治理能力现代化水平不断提升。

一、突出思想引领和战略谋划，为国际文化大都市建设夯基定向

一是强化顶层设计。以习近平新时代中国特色社会主义思想为指引，高起点谋划、高标准编制上海国际文化大都市建设“十三五”“十四五”规划纲要，制定两轮全力打响“上海文化”品牌三年行动计划。加快制定、修订一批地方性法规制度，不断完善落实国家战略、具有上海特点的文化建设制度体系。二是推动党的创新理论落地生根。成立全国首批十家之一的上海市

习近平新时代中国特色社会主义思想研究中心，出版“新时代新思想　新战略研究丛书”，成立上海市中国共产党伟大建党精神研究中心。推进习近平总书记系列重要讲话数据库、习近平新时代中国特色社会主义思想研究成果库和上海社科大师文库、上海新型智库等建设。三是持续巩固壮大主流舆论。统筹内宣外宣、网上网下，全力做好主题宣传、形势宣传、政策宣传、成就宣传和典型宣传。推动主流媒体深度融合和整体转型，上海报业集团和东方网完成联合重组，澎湃新闻等 3 家新媒体成为亿级用户平台、上观新闻等 9 家新媒体成为千万级用户平台。16 家区级融媒体中心全部建成，“上海发布”稳居全国各省区市政务微信前列。构建“全域、全程、全员”外宣格局，持续推动中华文化走出去，面向国际主流社会传播上海形象、讲好中国故事。

二、坚持在不忘本来中面向未来，树立国际文化大都市的精神坐标

一方面，加强红色资源保护传承。紧扣庆祝建党百年等重要时间节点，持续推进“开天辟地——党的诞生地”发掘宣传工程、党的诞生地红色文化传承弘扬工程和革命文物保护利用工程。出台《上海市红色资源传承弘扬和保护利用条例》，建成中国共产党第一次全国代表大会会址纪念馆，推进“一馆五址”保护利用。推出《一号机密》《启航》等系列红色剧目、演出。出版《上海红色文化地图》，上线“红途”资源平台，推动红色资源保护利用法治化、规范化、数字化。另一方面，培育新时代城市精神品格。着

认识上海，从上海市历史博物馆（上海革命历史博物馆）开始

眼于培养时代新人、弘扬时代新风，深入开展理想信念教育和爱国主义教育，选树一批先进典型人物和集体。大力推进新时代文明实践中心建设，基本完成三级阵地全覆盖，全市实名注册志愿者人数超过 590 万。加强未成年人思想道德建设，完善未成年人成长发展指数评估体系，深入开展“扣好人生第一粒扣子”主题教育实践等活动。持续开展市民修身行动，开设市民修身路线 180 余条，市民修身注册人数累计达 450 万。

三、聚焦满足文化需求和增强精神力量，推动国际文化大都市建设提质增效

一是繁荣文艺创作生产。提前完成“五年百部精品创作工程”，实施建党百年主题出版工程，推进“开天辟地——中华

创世神话文艺创作与文化传播工程”。抓好精品创作生产，图书《战上海》、电影《我不是药神》、电视剧《大江大河》、舞剧《永不消逝的电波》、歌曲《幸福少年》等11部作品入选第十四届、第十五届精神文明建设“五个一工程”奖。持续做强做优专业学术出版，《细胞研究》《纳微快报》等10种科技期刊跻身世界顶尖行列。坚持“一团一策”深化国有文艺院团改革，做大做强驻场特色品牌，推动舞剧《朱鹮》、杂技剧《时空之旅2》、国风音乐现场《海上生民乐》等原创精品创造性转化。**二是高标准建设现代公共文化服务体系。**建成开放上海国际舞蹈中心、上海市历史博物馆等重要文化设施，基本形成浦西人民广场地区、浦东花木地区两大文化核心功能区。完善中心城区10分钟、郊区15分钟公共文化服务圈，全市常住人口人均公共文化设施建筑面积达到0.2平方米。加快推动公共文化服务设施运行管理社会化、专业化发展，基本形成市、区、街镇三级投入保障和四级服务配送机制，建成全覆盖的文化数字化服务平台“文化上海云”。**三是**

第十九届中国上海国际艺术节开幕演出大型交响合唱《启航》

推动文化产业高质量发展。加强资源整合、企业集聚、项目聚合，大力推进全球影视创制中心、国际重要艺术品交易中心，亚洲演艺之都、全球电竞之都，网络文化产业高地、创意设计产业高地建设。出台“上海文创50条”“电竞产业20条”等政策，建立“补、贷、投、保、担、奖”投融资联动机制，2021年全市文化及相关产业增加值占GDP比重达到6.1%。四是深化拓展文化区域合作和对外交流。着力提升区域文化资源配置能力，以长三角一体化发展为契机，连续举办三届长三角文博会。促进国家文化出口基地（徐汇）、国家对外文化贸易基地（上海）服务水平不断提升，充分发挥上海国际电影节、上海书展、上海旅游节等重要文化节展赛事的展示交易服务功能，不断扩大城市影响。

浙江加快建设文化强省
促进人民精神生活共同富裕

支持浙江高质量发展建设共同富裕示范区，是以习近平同志为核心的党中央作出的一项重大决策。浙江省深入贯彻落实习近平总书记重要论述和重要指示精神，将文化发展作为衡量共同富裕示范区建设的重要内容和关键变量，高水平推进文化强省建设，努力在共同富裕中实现精神富有。

◎ 中国国家版本馆杭州分馆

一、凝聚思想共识，加强党的创新理论研究宣传阐释

一是聚焦思想引领。成立浙江省习近平新时代中国特色社会主义思想研究中心，实施共同富裕重大理论研究工程，开展"习近平关于共同富裕的重要论述在浙江的探索与实践"重大课题研究，建设共同富裕智库平台，推出系列理论研究成果。二是加强宣传引导。建立民情通达机制，上线"舆论引导在线"应用场景，建立共同富裕示范区建设主题宣传报道协调机制，邀请中央媒体集中采访报道。实施"共同富裕"国际传播工程，举办"中国共产党的故事——习近平新时代中国特色社会主义思想在浙江的实践"专题宣介会、"中国共产党与世界政党领导人峰会"浙江安吉分会场活动等重大主场外宣活动。三是做好理论阐释。聚焦社会关切，推出"共同富裕十个'是什么'、'不是什么'""共同富裕六问六答"系列专题。举办共同富裕千场青年理论宣讲，推出《高质量发展是"共富"之基》等理论文章。

二、聚焦文化传承，推进精品力作创作生产

一是丰富文艺精品供给。实施新时代文艺精品创优工程，设立"之江潮"杯文化大奖，创作《红船》《大国飞天》《和平之舟》《送你一朵小红花》等新时代影视作品。策划推出《革命与复兴：中国共产党百年图像志》等一批重点主题出版物。原创舞蹈《忆江南》惊艳亮相央视虎年春晚，原创主题歌曲《本色》《遇见未

来》等作品广受好评。二是弘扬优秀传统文化。推进“中国历代绘画大系”工程，编纂出版《先秦汉唐画全集》《宋画全集》《元画全集》《明画全集》《清画全集》共计65卷240余册。实施宋韵文化传世工程，建设宋韵文化博物馆，打造宋韵文化传承展示中心。推进文明之源大遗址群保护工程，提升良渚古城遗址、西湖、大运河等世界文化遗址群保护利用水平，深化河姆渡遗址等历史遗存研究传承。三是加强要素保障。健全完善精品创作的全流程保障，用好省艺术发展基金，建立完善涵盖策划、创作、生产、传播、知识产权保护等全周期精品服务机制，目前每年投入1.3亿元，资助项目达525个。深入实施文化名家打造计划，探索青年人才培育机制，79人入选中宣部文化名家暨“四个一批”人才。

三、坚持文化惠民，打造精神文化生活品质高地

一是完善文化资源设施。实施百城万村文化惠民工程，推动公共文化资源和惠民服务有效下沉，加快建设中国国家版本馆杭州分馆、之江文化中心、浙江社科中心等新时代文化地标。二是推动城乡公共文化服务一体化建设。全面推行“市有五馆一院一厅、县有四馆一院、区有三馆、乡镇有综合文化站、农村有文化礼堂”，实现从省到村五级公共文化服务网络全覆盖，打造高水平城乡一体“15分钟品质文化生活圈”。三是提升公共文化服务效能。推进县级文化场馆总分馆制，创新“文化家园”“城市书房”等服务模式，推动“家头条”“邻里帮”等文化应用场景落地未来社区、未来乡村。

◎ 浙江农村文化礼堂上演提线木偶戏，为群众喜闻乐见

四、突出改革创新，激发文化高质量发展动力源泉

一是加快文化产业转型升级。大力推进文化新业态发展，在数字阅读、影视动漫、创意设计等领域涌现出浙数文化、华策影视、咪咕数媒等一批文化企业。中国（之江）视听创新创业基地、杭州国家数字出版产业基地、国家（杭州）短视频基地、国家音乐产业基地落户浙江。二是推动文化和旅游深度融合。深入推进大运河国家文化公园和4条诗路文化带重点工程落地，培育42个千万级核心大景区，建成10个数字诗路文化体验馆。创建3个国家级文旅消费试点城市、6个夜间文旅消费集聚区。三是创新数字场景应用。打造“志愿浙江”“礼堂家”“浙文创”“浙影通”“版权桥”等应用场景，为群众、企业提供精准便捷服务。

五、培育时代新风，促进社会文明程度明显提升

一是加强公民道德建设。持续擦亮“最美浙江人”金名片，常态化选树“最美家庭”。创新浙江好人月度评审机制，开展“浙江好人　德润之江”融媒宣传。深化“春泥计划”品牌建设，开展青少年网瘾防治工作试点。二是创新开展文明实践。深化新时代文明实践中心建设，推动文明实践由农村地区向城市社区延伸，建成文明实践所（站、点）5万余个，涌现出“幸福巴士”等一批具有浙江辨识度的文明实践品牌。推进“浙风十礼”行动，举办“浙江有礼”文明使者聘任仪式。三是深化精神文明创建。深入推进全域文明城市创建工作，巩固扩大全国文明城市设区市创建“满堂红”重要成果。实施文明好习惯养成工程，开展“礼让斑马线”“用餐不浪费”“聚餐用公筷”推广行动和“迎亚运、讲文明、树新风”志愿服务活动。

江西锚定文化强省目标 加快推动文化高质量发展

近年来，江西省立足自身人文特点和资源禀赋，聚焦文化强省建设，贯彻新发展理念，深化文化体制改革，强化制度政策保障，持之以恒铸文化之魂、强文化之基、兴文化之业，加快推动文化高质量发展。

一、着力构建领导有力、协调各方的工作格局

江西省委、省政府印发《关于加快文化强省建设的实施意见》《关于进一步推进文化强省建设的若干措施》，把文化强省建设纳入全省高质量发展考核评价体系，作为评价地区发展水平、衡量发展质量、考核领导干部业绩的重要内容。每年召开文化强省建设推进大会，省委书记出席会议并讲话，配套举办江西文化产业发展高峰论坛、文化发展巡礼等系列活动。成立文化强省建设工作领导小组，省长担任组长，省委常委、宣传部部长和分管副省长担任副组长，省直相关单位主要负责同志为成员，领导

2022 年 5 月 26 日，江西省文化强省建设推进大会召开

小组办公室设在省委宣传部。全省 11 个设区市、100 个县（市、区）全部成立文化强市（县）建设工作领导小组，在全省形成了上下联动、聚力推动文化高质量发展的工作格局。

二、着力推动重点领域、关键环节的改革发展

出台实施《江西省深化文化体制改革攻坚行动实施方案（2022—2024 年）》，深入推进 4 大领域 12 个方面 71 项重点任务改革创新。出台《江西省关于加快推进媒体深度融合发展的实施意见》，成立省融媒体推进中心，持续完善省市县三级融媒体联动传播格局。深化新时代文明实践中心建设，全省新时代文明实践中心、所、站覆盖率达到 92%、97.1%、64.7%，建设省志愿服务管理平台，累计招录党建宣传员 1.6 万余名，志愿服务入库常态

化项目达8.7万个。制定实施《江西省文艺精品创作资助管理办法》，近年来共资助戏剧、影视剧、广播剧、歌曲等近100部，总计1320万元。创作推出电影《三湾改编》、电视剧《可爱的中国》、采茶戏《一个人的长征》、话剧《支部建在连上》等一批精品剧目。出台《江西省革命文物保护条例》《关于深入推进红色基因传承的意见》，共建全国红色基因传承研究中心，构建传承红色基因的常态长效机制。加快特色文化资源转化，出版发行《江西文化符号丛书》（第一辑），启动实施《江右文库》编纂工程，做强做大"天工开物"特色文创品牌，精心打造南昌汉代海昏侯国遗址公园、庐山国际爱情电影周、中国红色旅游博览会等特色文化标识。

三、着力打造聚焦主业、引领需求的供给主体

完善公共文化设施，省博物馆、图书馆新馆建成开馆。成立省文化馆理事会，建立全省图书馆文化馆联盟、剧场院线联盟、博物馆联盟，筹建演艺联盟，全面实施县级文化馆、图书馆总分馆制，已建和在建应急广播、"村村响"或"大喇叭"等终端约4.75万个，覆盖925个乡镇10122个行政村。深化国有文艺院团改革，推进"一县一团"落地见效。组建南昌交响乐团，实现省内职业交响乐团"零的突破"。推动省属重点文化企业聚焦主业做强做优做大，江西省出版集团公司连续13届被认定为"全国文化企业30强"，江西文化演艺集团在疫情背景下逆势上扬，2021年营业收入增长45%，利润增长20%，剧目创作数量由集团组建前平均每年1.67部增加到7部。组建江西电影集团、省文投公司，

设立省文投基金。实施文化产业数字化战略，强化科技为文化赋能，将文化领域列入省关键共性技术研发指南。2021 年，全省规模以上文化企业实现营业收入 2967.92 亿元，同比增长 16.1%。

江西省科技馆、图书馆和博物馆新馆（从左至右），成为全省文化地标

四、着力完善保障到位、激励有效的政策体系

充分发挥文化经济政策的引导调控和激励保障作用，2019—2021 年省级层面共出台 41 个政策文件，其中综合类文件 5 个，财政投入类、文化金融类、文化科技类、贸易消费类等专项文

件 36 个。加大财政资金投入力度，2019—2021 年共拿出省级财政资金 1.8 亿元，以贷款贴息、项目补助、奖励等方式，扶持数字出版、会展演艺、文旅融合等方面 215 个文化产业项目。推动解决文化企业融资难、融资贵、融资慢问题，搭建政银企对接平台，5 家合作银行承诺 3 年内提供不低于 1000 亿元的意向性融资；协调各银行业金融机构以专业支行、特色支行、事业部等形式建设文化金融专营机构；创新推出特色信贷产品“文企贷”，统筹省市两级文化产业扶持资金，设立 5000 万元中小文化企业贷款风险补偿资金，撬动 5 亿元银行资金，90 家文化企业获批 3.35 亿元贷款。每年认定 10 个文化产业重点县（市、区），在扶持资金、项目申报、参展推介、金融支持、人才培训等方面予以优先支持。全省重点培育 30 条省级特色文化街区，对获评街区运营主体一次性给予 100 万元奖励。

广东守正创新推进文化强省建设

近年来，广东省将文化强省建设纳入省委重点工作部署，以“走在全国前列，创造新的辉煌”的责任担当，高规格部署、高标准谋划、高质量推进，推动文化事业和文化产业全面发展，促进满足人民文化需求和增强人民精神力量相统一。

一、加强战略谋划，绘制文化强省建设新蓝图

2022 年 2 月，省委召开扎实推进文化强省建设大会，省委书记出席会议并讲话，省长主持会议，对新发展阶段文化强省建设再部署、再推动，会议以电视电话会议形式开至各地级以上市。2022 年 5 月，广东省第十三次党代会将文化强省建设作为新时代新征程的九项重点工作任务之一，对深入推进文化强省建设作出进一步部署。全面把握文化强省建设的新使命、新高度、新要求，综合考虑广东文化建设的基础资源、优势条件、目标任务，部署实施习近平新时代中国特色社会主义思想传播工程、主旋律弘扬工程、文明质量提升工程、高品质文化供给工程、岭南文化

2022 年 8 月，第二届粤港澳大湾区文化艺术节开幕式演出

“双创”工程、对外传播工程等“六大工程”。省委、省政府印发《广东省文化发展改革“十四五”规划》《关于推动文化产业高质量发展的意见》《广东省推进粤港澳大湾区世界级旅游目的地建设行动方案》，对建设更高水平的文化强省作出系统谋划和全面安排，聚焦重点领域和关键环节，提出系列工程项目，明确工作内容、责任单位，做到任务项目化、项目清单化、清单责任化。

二、强化协同高效，展现文化改革发展新气象

全省各地各有关部门明确职责分工，集中力量资源推动“六大工程”落地落实。深入实施习近平新时代中国特色社会主义思想传播工程，建强做实“学习强国”广东学习平台，编辑出版

《马克思主义研究文库》《中国共产党理论武装一百年》《广东改革开放史》等理论书籍。推动理想信念教育常态化制度化，用好用活红色资源，出台《广东省革命遗址保护条例》，提升中共三大会址纪念馆等重点红色展馆建设展示水平。出台《广东省文明行为促进条例》，深化精神文明创建九大行动，建成新时代文明实践中心（所、站）2.76万个，打造一批“岭南书院”，做强“志愿广东”品牌。完善文艺精品创作生产体系，推出《中国桥》《沙湾往事》《中国医生》等优秀作品，建成广州国家版本馆、广东画院等文化新地标，实现省市县镇村五级公共文化设施全覆盖。进一步擦亮岭南戏曲、岭南美术、广东音乐等特色品牌，统筹城市建设和文化保护，建立省级以上文保单位“岁修”制度，推动广州永庆坊、潮州广济桥和牌坊街等文化遗珍重焕光彩。进一步健

◎广东汕头举办“戏亭印象”惠民演出

全现代文化产业体系和市场体系，加快发展数字出版、网络视听等新型文化业态，形成若干千亿级文化新业态集群，不断提升深圳文博会等会展影响力，文化及相关产业增加值占全省 GDP 比重达到 5.59%，规模以上文化及相关产业企业近万家。携手港澳共建人文湾区，开展文化艺术节、媒体峰会等系列活动，推进大湾区世界级旅游目的地建设。持续扩大“读懂中国”国际会议（广州）、21 世纪海上丝绸之路国际传播论坛等外宣品牌影响力，真实、立体、全面对外讲好中国故事、大湾区故事、广东故事。

三、完善政策保障，打造文化高质量发展新优势

省委宣传部牵头，各有关职能部门参与支持，贯彻落实国家政策要求，借鉴其他地区创新做法，归集省内各领域相关政策，健全推动文化高质量发展的政策体系。一方面，注重与综合性政策相衔接，用足用好粤港澳大湾区和深圳中国特色社会主义先行示范区“双区”建设和横琴、前海、南沙建设，以及广东“一核一带一区”区域发展等各领域政策。另一方面，落实和完善文化经济政策，强化财政、税收、金融、土地、科技等方面支持保障。如，新设立文艺精品专项扶持资金，推动解决文艺作品有“高原”缺“高峰”短板问题；推动引导将中央和省部署的重大文化项目有序纳入财政大事要事清单，重点加大对老区苏区、少数民族地区以及欠发达地区文化投入转移支付力度；将文化产业纳入全省战略性新兴产业加以重点扶持，提出 6 个方面、20 条具体扶持政策。

贵州以“多彩贵州”品牌引领文化高质量发展

近年来，贵州省深入贯彻落实中央关于建设文化强国、深化文化改革发展的决策部署，立足自身资源禀赋，精心打造“多彩贵州”品牌并融入实体经济，探索出一条省域文化高质量发展的新路径。

一、多渠道宣传推广，品牌知名度和美誉度持续提升

坚持“走出去”和“请进来”相结合，开展一系列宣传推广活动。官方宣介引领，连续多年坚持省市县三级联动，开展一年一度的“多彩贵州”系列文化活动，安排专项资金在中央电视台黄金时段进行宣传，冠名举办文艺、体育、论坛等大型活动宣传推介，不断提升品牌知名度和影响力。公益活动助力，举办“多彩贵州歌唱大赛”“多彩贵州非遗周末聚”以及各类文博、文旅等品牌活动，广泛宣传“多彩贵州”品牌形象，提高品牌美誉度和公信力。用好展会展览，组织“多彩贵州”系列产品和相关

企业参加中国国际服贸会、中国（深圳）国际文化产业博览会、“中国品牌日”等推荐活动，进一步拓展宣传推广和营销渠道。“多彩贵州”成为贵州儿女对外宣传、介绍贵州的首选词语，“多彩贵州”商标获得 45 类全类注册证书，被国家商标局认定为中国驰名商标。

二、多模式开发运营，品牌含金量和影响力不断提高

经过多年探索，“多彩贵州”已经成为代表贵州区域形象和引领文化改革发展的“金字招牌”，特别是党的十九大以来，坚持政府主导、国企领衔，充分调动协会、民企、金融机构等各方力量资源，不断创新和丰富运营模式，全面挖掘和提升品牌价

◎ 多彩贵州城

值。多彩贵州文化产业集团牵头与民营企业共同搭建多彩贵州酒平台，整合贵州酱酒生产商、研究机构、标准管理机构、金融机构等，实施严格的产品质量管控，促进平台、产业和品牌健康发展，平台搭建1年多以来，实现产值20亿元，直接带动就业5000余人。将“多彩贵州水”作为全省重点培育的公共品牌，出台《“多彩贵州水”公共品牌建设实施方案》等系列文件，建立严格的质量标准体系和品牌授权规范，形成政府、行业协会、企业三级质量监督管理体系。“多彩贵州水”2021年直接销售收入近10亿元，带动贵州水产业实现综合产值90亿元。

三、多平台融合发展，品牌社会效益和经济效益实现双丰收

制定实施《“多彩贵州”品牌发展方案》，以“多彩贵州”品牌产权为核心，整合各方资源，初步形成独具特色的平台集群。一是文化产业平台。依托多彩贵州文化产业集团，搭建贵银、苗绣、山珍、味道等产业平台，建立创意设计研发中心，聚焦品牌宣传、产品开发、渠道拓展、标准建设，促进“多彩贵州”品牌与非遗文化、特色农业、特色食品深度融合，搭建产、供、销服务平台，助推黔货出山、助力乡村振兴。集团2021年总收入目标完成率达138.33%，同比增长63.23%，利润总额同比增长336.82%。二是文旅融合平台。推动非遗文化和非遗剧目进机场、进景区、进学校、进军营、进社区、进商场，总展演场次近500场，线上线下观众数达550余万人次。三是研学培训平台。

◎ 大型民族歌舞《多彩贵州风》

组织赴省内各地开展“多彩贵州·五色研学”精品活动200余场，参加人数近万人次，讲好“五色秀多彩”的贵州故事。面向省内外企事业单位开设红色教育培训班154期，培训1.2万人次，大力宣传长征精神和新时代贵州精神。目前，“多彩贵州”品牌聚集了多彩贵州航空、多彩贵州网、多彩贵州城、多彩贵州街、多彩贵州文创园、多彩贵州风等58家品牌企业，涉及文旅、非遗、演艺、交通等20余个领域，拉动投资上百亿元，带动就业1万余人，品牌溢价能力、市场竞争力、产业聚合力大幅提升。

第二篇

XINSHIDAI WENHUA GAIGE FAZHAN
ANLI XUANBIAN

完善文化
宏观管理体制

河北建立健全两个效益相统一的评价考核体系

河北省落实中央关于国有文化企业社会效益评价考核的精神要求，提高政治站位、坚持守正创新，建立健全把社会效益放在首位、社会效益和经济效益相统一的评价考核体系，引导推动国有文化企业承担使命任务、实现高质量发展。

一、坚持统筹指导，健全体制机制，形成评价考核工作合力

一是健全领导体制。省文化体制改革和发展工作领导小组总体统筹、宏观指导国有文化企业双效综合考核工作。成立由省委宣传部牵头，省纪委监委、省委组织部、省财政厅等部门组成的省属文化企业考核领导小组，具体组织推动落实。二是建立工作机制。根据职能分工和行业管理职责，省属文化企业考核领导小组下设 5 个专项考核组，分门别类开展具体考核工作。其中，省委宣传部牵头成立综合考评组，负责省属文化企业领导班子和领

导人员综合考核评价工作；省文资办牵头成立双效考核组，负责省属文化企业社会效益和经济效益考核工作；省新闻出版局牵头成立专门考核组，负责图书出版、报刊出版、新华书店等国有文化企业社会效益考核工作；省电影局牵头成立专门考核组，负责国有影视企业社会效益考核工作；省文化和旅游厅牵头成立专门考核组，负责国有文艺院团社会效益考核工作。三是完善制度体系。制定印发河北省《关于推动国有文化企业把社会效益放在首位、实现社会效益和经济效益相统一的实施意见》《国有文艺院团社会效益评价考核办法》《国有影视企业社会效益评价考核实施细则》《省属国有文化企业工资总额管理办法》《省属国有文化企业负责人薪酬管理办法》《关于引导文化企业坚持正确导向　履行社会责任的若干举措》等一系列政策文件，形成“1+N”政策体系。

河北省国有文化企业考核现场

二、坚持分类考核，强化精准施策，完善评价考核指标体系

推动国有文化企业社会效益考核全覆盖，实施分类指导，在政治导向、文化创作生产和服务、社会影响和受众反应、党建及内部制度建设等4类一级共性指标之下，结合企业类别功能属性，设置7项重点二级指标，其中新闻信息服务类企业为“正能量传播及内容建设”“网络生态及安全管理”，内容创作生产类企业为“生产质量”“作品质量”“艺术普及”，传播渠道类企业为“服务保障和服务质量”“社会责任和惠民服务”。实施“一企一策”，省属文化企业共设置118项三级指标，并逐项赋分，根据企业年度经营发展计划动态调整，切实增强考核针对性和可操作性。

三、坚持综合运用，实行“五项联动”，强化评价考核激励约束

一是考核结果与综合考评联动。将国有文化企业双效考核与企业领导班子、领导人员综合考评一体部署、一体实施、一体应用。考核结果分为A、B、C、D等级，企业领导班子优秀等次一般从A级企业中产生，C、D级企业领导班子不能评优。二是考核结果与干部使用联动。将考核结果作为干部使用的重要依据，对年度考核D级企业的负责人进行诫勉谈话，连续两个年度或者任期考核D级的企业，对有关负责人提出岗位调整、降职使用直

至免职处理。三是考核结果与企业负责人薪酬联动。考核结果直接决定年度评价考核系数，决定负责人薪酬水平。四是考核结果与工资总额联动。工资总额与考核结果同增同降，考核等级直接决定工资总额增降幅度的大小。五是考核结果与政策激励联动。财政扶持资金、文化产业投资基金等向坚持正确导向、履行社会责任突出的企业或项目倾斜。

辽宁积极推进国有文化资产监管规范化制度化

近年来，辽宁省坚持管人管事管资产管导向相统一，着力理顺体制机制、健全制度体系、发挥监管效能，推动国有文化资产监管规范化制度化取得扎实成效。

一、理顺体制机制，明确出资人职责

加强组织领导，建立健全文资监管工作机制，省文化体制改革和发展工作领导小组（省国有文化资产监督管理领导小组）先后印发《工作规则》《办公室工作细则》《成员单位职责分工》。领导小组组长由省委常委、宣传部部长担任。办公室设在省委宣传部，办公室主任由分管副部长担任。成员单位包括省委省政府办公厅、网信办、编办、发展改革委等20多个部门，形成了领导小组牵头抓总、文资办具体推动、成员单位各负其责的工作机制。制定出台《辽宁省文资办（省委宣传部）出资人监管事项权责清单（试行）》，明确省文资办（省委宣传部）的出资人职责，并结合实际对权责清单进行调整完善。省文资办通过制定年度改革发展要点、实施清单式管理台账式督办、召开领导小组会议及各类专题会议等方式，形成工作合力，推动文资监管工作有序开展。

二、健全制度体系，推动规范化监管

为增强国有文化资产监管工作的针对性和可操作性，编制《辽宁省文资监管工作指引汇编》，包括 34 件具体指引，近 15 万字，每件指引明确文件依据、使用范围、监管职责、报送要件、工作步骤、监管结果应用等，打造文资监管工作“说明书”。制定印发《关于完善省属文化企业“三重一大”决策制度有关事项

发挥国有文化资产监管效能，为企业招商引资和合作交流搭建平台

的通知》，进一步明确监管重点，确保企业加强党的领导、完善决策机制，落实各项监管要求。制定省属文化企业《工资总额管理暂行办法》《年度社会效益量化考核实施办法》等一系列制度办法，修订省属文化企业负责人《"两效统一"综合考核暂行办法》和《薪酬管理暂行办法》。严格做好日常监管各项工作，加强财务监管，完善企业预算、决算及月报制度，结合审计部门专项审计做好重点领域、关键问题的监管，研究办理企业设立年金、股权转让、重大投资等事项，有效防范各类决策风险，确保国有文化资产保值增值。

三、发挥监管效能，促进高质量发展

贯彻落实中宣部等部门印发的《关于国有文化企业深化改革加快发展的指导意见》和《辽宁省国有企业改革三年行动实施方案（2020—2022 年）》，结合辽宁省国有文化企业实际，制定《辽宁省国有文化企业深化改革加快发展行动方案》。推动省属文化企业建立健全有中国特色的现代文化企业制度，梳理企业层级，实现三级管理，沟通相关部门解决企业转企改制后续历史遗留问题等。印发《辽宁省深化国有文艺院团改革实施意见》，推动国有文艺院团焕发生机活力。推动省属文化企业融入新发展格局，助力"数字辽宁、智造强省"建设，在全省文化产业发展、公共文化服务、融媒体改革、大数据平台建设以及抗击新冠肺炎疫情等重要任务中发挥积极作用。

山东发挥考核“指挥棒”作用助力国有文化企业高质量发展

山东省贯彻落实中央关于推动国有文化企业把社会效益放在首位、实现社会效益和经济效益相统一的部署要求，因地制宜加强省属文化企业双效综合考核工作，切实发挥考核“指挥棒”作用，推动国有文化企业高质量发展。

一、完善评价考核指标体系

一是科学设置考核权重。修订《山东省省属文化企业“双效”考核评价办法》，明确社会效益考核权重占比 50% 以上，其中新闻信息服务类企业社会效益考核权重占比 60%。根据疫情影响等实际情况对部分企业社会效益考核权重进行适当调整。二是创新社会效益考核指标。建立“2+3+3”指标体系，即 2 项基础指标（方向与导向、制度与保障）、3 项任务指标（产品与服务、影响与评价、年度重点工作任务）、3 项限制指标（履行社会责任出现问题、制度缺失及执行不到位、各类违规违纪违法问题）。三是优化经济效益考核指标。完善“3+3+2”指标体系，设置3项基础指标（营业收入、净利润、国有资本保值增值率）、3项对标指标（资产负债率、净资产收益率、流动资产周转率）、2项奖惩指标（加分项、减分项）。

二、规范开展评价考核工作

一是合理确定考核人员。山东省国有文化资产管理领导机构从成员单位中抽调人员，组成考核评价工作组，同时邀请纪检监察、组织人事部门相关人员参加考核工作，确保考核的公正权威。二是规范考核流程。将考核流程分解为材料提报、材料审阅、实地查验、审核评分、反馈意见、研究审定、整改落实等7个阶段，有序梯次开展。采用交叉评分方式，每家企业同时接受2个考评小组评分，力求考核尺度一致、考核结果公平。三是创新开展第三方评估。针对不同企业特点，建立省属文化企业受众反应评价指标体系，委托权威专业的第三方机构对省属文化企业受众反应进行调查评价，形成研究报告，在完成考核评分任务的同时，也为企业有针对性地加强创作生产、提高产品和服务质量提供参考依据。

三、探索评价考核联动机制

一方面，将审计、述职与双效考核相结合，把审计中发现的问题，纳入述职问询会的提问范围，由企业主要负责人对问题成

◎ 双效考核与述职问询相结合

因、整改计划作出说明，问题整改情况纳入年度双效考核内容，实现审计、述职和双效考核3个工作环节有效联动。另一方面，双效考核结果与企业工资总额和负责人薪酬直接挂钩，对社会效益突出的企业，可以适当提高工资总额增幅，有效引导企业坚持把社会效益放在首位、实现社会效益和经济效益相统一。

海南成立省文资办党委 加强国有文化企业党的建设

海南省深入学习贯彻习近平总书记关于加强国有企业党的建设重要论述，着眼解决省属文化企业党建工作领导机制不够顺畅的问题，成立省文资办党委，以高质量党建引领国有文化企业高质量发展。

一、顺应形势要求，落实管资本就要管党建责任

海南省文资办于2014年成立，依据省政府授权对省属文化企业履行出资人职责，企业党建工作由省委宣传部机关党委代管。工作实践中，这种代管体制，在统筹推进省属文化企业党建工作方面发挥了积极作用，同时也存在一些不足。例如，国企党建和国资监管归口不同处室管理，党建与业务融合度还需加强；机关党建工作与企业党建工作存在差异，指导企业党建工作的专业性还需提升。按照海南省委办公厅印发的《关于加强国有企业党的建设的实施意见》，落实“国资监管部门党组织要落实管资

本就要管党建的责任，真正做到国企党建与国资监管、企业改革发展协同推进”的工作要求，推动成立了省文资办党委。

二、理顺领导机制，科学设置组织机构

经海南省委直属机关工委批复同意，2021 年 5 月，海南省文资办组织召开省属国有文化企业第一次党员代表大会，选举产生省文资办第一届党委和第一届纪委。党委书记由省文资办主任担任，党委委员除了省文资办副主任外，从有利于推动企业党建工作的角度考虑，吸纳了各省属文化企业的主要负责人，既没有增加人员编制，又确保在领导企业党建工作上集体决策和具体落实相统一，更好推动企业党建工作与生产经营深度融合。

与省属文化企业基层党支部共同开展主题党日活动

三、立足职能职责，找准党建工作着力点

省文资办党委成立后，结合省属文化企业党建工作实际，重点从 3 个方面下功夫。一是着力推动将党的领导融入企业管理各环节。把党建工作要求写入企业章程，完善党组织设置，推动党委委员和董事会、监事会、经营管理层成员“双向进入、交叉任职”，明确党委会研究是董事会决策重大事项的前置程序，建立完善党建绩效指标，推动党建工作与生产经营相互促进，不断提升企业党委“把方向、管大局、保落实”的能力。二是着力加强基层党支部建设。扎实推进党支部标准化规范化建设，配齐配强党支部书记和支部班子，严格落实“三会一课”制度，加强党员教育管理，打造坚强战斗堡垒，发挥党员先锋模范作用。三是着力加强企业党风廉政建设。抓住企业班子成员和骨干队伍这个重点，坚持思想教育上从严、纪律管理上从严、权力监督上从严，建立健全纪检监察部门和风控合规部门协作联动机制，把纪检监察的监督、执纪和问责融入企业内控和合规管理全过程。

重庆深化文化市场综合行政执法改革

重庆市落实中央关于深化机构改革和文化市场综合行政执法改革的精神要求，整合组建两级文化市场综合行政执法机构，重新配置执法权力，有力有效开展执法监管各项工作，推动全市文化和旅游市场平稳有序、健康发展。

一、理顺体制机制，整合执法力量

在市级层面，将原市旅游监察执法总队划入原市文化市场行政执法总队，成立市文化市场综合行政执法总队，监督指导区县（自治县）的文化市场综合行政执法工作。在区县级层面，将原文化、旅游两支执法队伍合并，组建区县文化市场综合行政执法支队，按照“属地管理，重心下沉”原则，总队执法事项以外的其余执法职能由区县执法支队承担。理顺文化市场综合执法运行机制，主动接受文化和旅游、广播电视、文物等行政管理部门指导监督，完善“扫黄打非”与文化市场综合执法协同机制和行政执法案件分级分类管理机制，强化执法责任制和执法事项清单管

◎ 2019 年 12 月，重庆市文化市场综合行政执法总队揭牌成立

理。目前全市 41 个区县（含 3 个经济开发区）文化市场综合行政执法人员编制达到 819 个。

二、完善制度建设，确保规范执法

修订完善《重庆市文化市场综合行政执法事项指导目录》，在原有 156 项基础上新增 158 项，达到 314 项，其中行政强制事项 4 项、行政处罚事项 310 项。践行力度温度并重的执法理念，处理好宽与严的关系，出台《重庆市文化和旅游领域包容免罚清单》，落实“初次违法且危害后果轻微并及时改正的，可以不予行政处罚”的规定，实施包容免罚。按照《综合行政执法制式服装和标志管理办法》，为全市执法队员统一配发执法服装和标识标志。

三、加强协作联动，形成执法合力

与公安、交通运输、统计、市场监管等部门加强沟通合作，建立数据共享、协调办理工作机制，让群众投诉得到一站式解决。协调“12345 政务服务平台”，对全市投诉举报数据进行全量分析，及时发布文化、旅游消费风险警示，对集中反映的问题有针对性地开展治理。建立健全跨区域联合执法机制，与河北省签订《重庆市—河北省文化市场综合执法对口交流协作备忘录》，与四川、贵州、云南等周边省份不定期开展联合执法检查。

四、创新监管方式，提升执法效能

推进“互联网 +”监管，优化信息技术在网络文化市场、营业性演出、旅游等领域监管中的应用。健全全市文化、旅游市场信用体系，保护各类市场主体、从业人员和消费者合法权益。对涌现出来的剧本杀、民宿、游戏竞技酒店等新业态新模式，探索创新监管方式。严格落实“双随机、一公开”机制，2021 年组织“双随机”检查 51 批 1528 人次，检查经营单位 588 家次，公示行政处罚信息 55 条。在文化和旅游部组织开展的 2019—2021 年度全国文化市场综合执法案卷评查中，重庆市排名第一。

五、强化队伍建设，提高执法水平

严格落实执法人员持证上岗和资格管理制度，健全执法人员培训机制，定期开展执法培训和岗前考证培训。2021 年开办“文旅执法周课堂”24 期，组织 146 名执法人员参加全市文化市场执法类公务员 2 期培训，组织区县平台管理员开展线上培训，选派 70 余人次参加文化和旅游部、国家版权局组织的相关培训。选派师资 10 人次到新疆、甘肃、四川、贵州开展执法交流，选拔 25 名执法队员组建全市第一届文化市场综合执法专业师资库。

第三篇

XINSHIDAI WENHUA GAIGE FAZHAN
ANLI XUANBIAN

深化文化企事业单位改革

内蒙古推动乌兰牧骑深化改革创新发展

内蒙古自治区深入学习贯彻习近平总书记给乌兰牧骑队员的回信精神，强化乌兰牧骑的公益属性，深化体制机制改革，更好发挥“红色文艺轻骑兵”的旗帜作用和示范引领作用。

一、推进体制改革，明确机构功能定位

按照深化国有文艺院团改革的部署要求，2020 年将内蒙古艺术剧院的乌兰牧骑分立出来，成立自治区直属乌兰牧骑，由内蒙古艺术剧院所属公益二类事业单位转为自治区文化和旅游厅所属公益一类事业单位。根据新时代乌兰牧骑所肩负的职能任务，经自治区文化和旅游厅批准，制定《内蒙古自治区乌兰牧骑条例》，进一步明确主要职能定位，包括开展公益性演出、创作群众喜闻乐见的优秀文艺作品、宣传党的路线方针政策和国家法律法规、深入基层开展服务活动等内容，涉及演出、创作、宣传、辅导、服务、传承、创新和对外文化交流等 8 个方面。

二、实行绩效考核，激发内生动力活力

直属乌兰牧骑实行绩效指标管理制，把全团的演出、创作、辅导、舞蹈、声器乐等业务及人事、党务、综合行政各个岗位进行指标分解，分别落实到每一个队员，明确责任主体、完成时效和考核标准。一方面，推动绩效指标直接与工资挂钩，激励业务人才担当作为。在工资总量范围内向业务骨干和作出突出业绩的人才倾斜，向一线演员、关键岗位和特殊岗位倾斜。每年年中、年底进行两次绩效考核，根据考核结果对每个岗位的奖励性绩效工资实行动态调整。另一方面，针对直属乌兰牧骑编制少、演员紧缺的现状，着力加强乌兰牧骑队员“一专多能”的绩效管理，真正发挥乌兰牧骑队员的特色和优势，使之成为舞台上“一人多角”的多面手。

三、丰富文艺供给，发挥示范引领作用

目前全区共有自治区直属、盟市、旗县三级乌兰牧骑 75 支。直属乌兰牧骑充分发挥排头兵作用，引导盟市、旗县乌兰牧骑切实履行 8 项职能。加强创作与传承，建立“深入生活 · 扎根人民”创作采风常态化机制，聚焦新时代新征程，将党的方针政策融入短小精干的文艺作品，以立足生活接地气为标准，创作推出 30 余部舞蹈、声乐、器乐作品及《金色的摇篮》等主题晚会。加强演出与服务，实施“草原文艺天天演”惠民演出工程，每年演

到边防哨所慰问人民子弟兵

出100场以上，依托社区文化广场、农村牧区小广场小舞台等，向全区推广“以天为幕布，以地为舞台”的“草原流动剧场”模式，不断丰富农牧民群众精神文化生活。加强宣传与辅导，积极宣传习近平新时代中国特色社会主义思想，成立辅导工作队、宣传工作队，开展“进农牧区”“进社区”“进校园”等活动，为基层文化工作者、在校学生、业余文艺爱好者提供常态化辅导，开展“草原儿女爱祖国　中华民族共团圆”等主题演出，引导各族群众铸牢中华民族共同体意识。

黑龙江日报报业集团深化改革打造新型主流媒体

黑龙江日报报业集团整合内部机构，理顺体制机制，加快融合发展，探索新时代省级党报改革发展有效路径，努力打造新型主流媒体，2021 年全集团发行量增长 4.8%、经营收入增长 20%。

一、着眼强身健体，优化资源配置

将《生活报》《老年日报》从报业集团剥离出来，成为独立法人事业单位。停办严重亏损、没有竞争力的《黑龙江经济报》《黑龙江晨报》《家庭保健报》等 7 家报纸和 3 个刊物，有关业务分别由《黑龙江日报》《生活报》《老年日报》承接。清理裁撤与新闻宣传主业关联度不高、长期亏损、扭亏无望的企业 20 家，推进黑龙江日报印务中心转企改制。黑龙江新闻社整体与报业集团实行重组，进一步增强了朝文出版的新闻宣传优势。报业集团事业法人单位由 9 个精简为 3 个，内设机构由 60 个精简为 43 个，事业编制由 946 名精简为 604 名。

二、着眼做强主业，构建传播矩阵

实施主阵地转场、报道运行方式转变、内容生产方式转型、目标人群转移、考评规则转向、采编队伍转身“六转”工程，以“龙头新闻”客户端为引擎，形成黑龙江日报、黑龙江新闻网、黑龙江经济网以及微信公众号、微博、第三方平台账户组成的媒体传播矩阵。融媒报道《九省区携手　向总书记汇报》《黑龙江省：逐浪潮头　推进全面振兴》《扛稳粮食安全责任》等主题报道获得广泛肯定。集团全媒体经济新闻中心获2019年全国脱贫攻坚组织创新奖。

◎《松花江上·百年印记》全媒体报道，小切口大主题讲好龙江故事

三、着眼提升影响，推动多元发展

打造“新闻+政务商务服务”新业态，以“龙头新闻”客户端为平台，以政务报道改革为突破口，与省林草局、省乡村振兴局、省文旅厅、兴业银行哈尔滨分行合作的“龙江林草”“乡村振兴”“龙江文旅”“兴业金融”频道相继上线，与省医保局、省农业农村厅、哈尔滨工业大学等达成战略合作，共打造46个频道、300个专题，全面覆盖本省社会生活和优势特色领域。设立品牌推广部，全力推广集团品牌，强化内容营销、产品营销、平台营销，形成龙头品牌的牵动辐射效应。

四、着眼夯基固本，完善管理机制

制定《集团党委意识形态工作责任制实施细则》《集团党委网络意识形态工作责任制实施细则》，将党管宣传、党管意识形态、党管媒体原则贯彻到新型主流媒体建设全过程。新媒体端口配齐配强“三审”人员，完善“三审”流程。稳妥推进集团及所属单位实行岗位管理，按需设岗、竞聘上岗、按岗聘用。科学制定目标与绩效考核办法，调整采编绩效考核，明确移动优先，将“龙头新闻”客户端发稿作为“第一落点”，推动精锐力量向移动端倾斜。

江苏凤凰出版集团多点发力深化改革发展

江苏凤凰出版传媒集团有限公司以建成国际一流文化企业为目标，按照“控规模、促转型、稳增长、强质效”思路，聚焦主责主业，深化改革创新，在坚持把社会效益放在首位、实现社会效益和经济效益相统一上取得积极成效。

一、强化主责主业，守好宣传文化主阵地

坚持把制定战略规划作为推动高质量发展的“先手棋”，围绕主责主业科学制定集团“十四五”发展规划。持续在做强内容生产上下功夫，设立每年4000万元内容生产专项资金，支持实施文学、学术、科普、教育四大原创工程，系统推进《中国长城志》、《中国运河志》、《江苏文库》、“海外中国研究丛书”等出版工程，打造凤凰作者年会、凤凰文学奖、凤凰书评奖、东方娃娃原创绘本大赛等平台。健全线上线下渠道，全面推进实体书店进企业、进机关、进校园、进社区，在全省布局近1400个“大中小

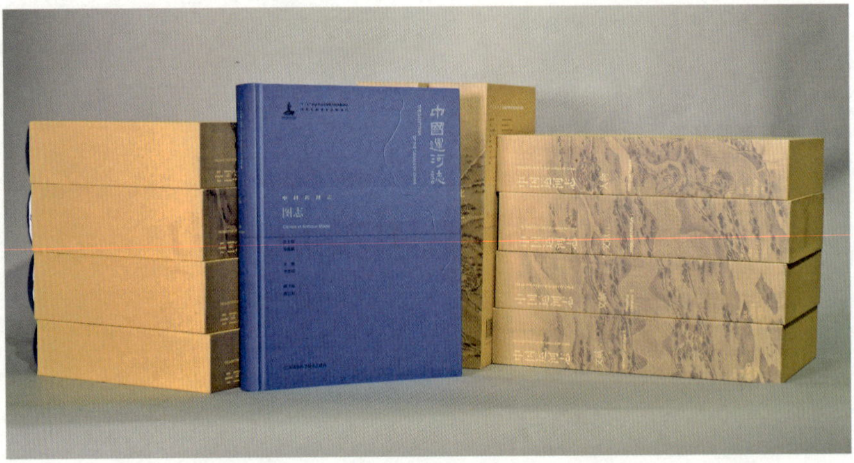

◎ 江苏凤凰出版集团历时八年打造中国运河通志《中国运河志》

特”发行网点，打造 8 个凤凰广场文化新地标，形成总面积超过 90 万平方米的线下文化服务空间。自建凤凰新华电商平台，年销售码洋突破 20 亿元，为全国 2000 万消费者提供线上服务。建立统分结合的融合出版生产体系，设立一期三年共 9000 万元的融合出版专项资金，重点打造凤凰书苑等四大龙头项目，支持各出版单位自主建设 33 个特色项目。积极履行社会责任，加大数字教材及配套资源建设，满足广大师生疫情防控常态化的线上教学需求。以凤凰读书会为抓手，整合实体书店、凤凰书架、江苏书展等资源，每年举办各类阅读活动近 2000 场，助力构建书香社会。

二、优化资本运作，提升反哺主业支撑力

实施“金融 +”战略，围绕主业布局自主金融业务，通过自建平台和股权、债权投资等方式，初步构建文化金融控股平台。

集团参股控股的金融类企业涵盖银行、金融租赁、证券、财务公司、基金、担保等领域，金融股权投资总存量规模近百亿元。充分发挥上市公司平台作用，用好用活各类金融工具，不断提高上市公司资金使用效益。舍弃年销售额超 15 亿元的高风险非主营业务，统筹推进内部资源整合，加强对控股、参股及境外企业的规范管理，集团化管控力、业务协同力不断增强。

三、深化公司治理，增强企业发展内生力

把加强党的建设贯穿企业发展全过程，明确党组织在公司治理中的地位作用，坚持“双向进入、交叉任职”，把加强党的领导和完善公司治理统一起来。健全完善党的建设、运营管理、风险防控等十大类规章制度，形成系统完备、规范有效的制度体系。出台“三重一大”决策制度实施办法及清单，细化决策事项范围和权责边界，形成规范高效的决策体系。成立编辑委员会、投资委员会、审计委员会、财经委员会，形成管导向、控风险、强监管的工作体系。深入推进党风廉政建设和反腐败工作，形成纪律监督、监察监督、巡察监督有效衔接的执纪监督体系。大力实施管理人员素质提升工程、后备人才培育工程、专业领军人才培养使用工程、凤凰英才集聚工程、教育培训青蓝工程等“五大人才工程”，形成选育管用全链条干部人才队伍建设机制。

安徽新华发行集团
开展职业经理人制度试点

安徽新华发行（集团）控股有限公司确立“传统主业提升和转型、实体经济与资本市场双轮驱动”战略后，成立全资二级子公司安徽皖新融资租赁有限公司。近年来，集团按照市场化选聘、契约化管理、差异化薪酬、市场化退出的原则，在皖新融资租赁有限公司的总经理、分管业务副总经理岗位实施职业经理人制度试点，积极探索创新，激发整体活力，推动企业发展。

一、坚持市场化选聘，优化人力资源配置

一是明确职业经理人适用岗位。融资租赁业务市场化、专业化程度较高，集团原有业务体系及人才储备无法满足相关岗位要求，集团决定在最紧缺的高管岗位实施职业经理人改革试点。二是强化市场化选聘考察。通过公开招聘、定向猎头、专家推荐等方式，确定岗位候选人。在此基础上，开展背景调查，重点考察候选人过往业绩表现及发展潜力，综合考量候选人个人禀赋与岗

◎ 皖新租赁公司党支部赴合肥渡江战役纪念馆开展“青春党建”活动

位的匹配度和企业文化的融合度。三是实施市场化聘后培养。开展企业文化专题培训，定制职业经理人培训课程，帮助职业经理人快速融入企业、持续提升职业能力和水平，其中 1 名职业经理人进入集团省级博士后工作站培养。

二、坚持契约化管理，强化制度监督约束

一是规范履行任职程序。依照法律和有关规定，与职业经理人签订《劳动合同书》，下发聘任文件，明确聘任岗位、聘任期限、目标任务、劳动报酬、激励约束等各项权利与义务。二是明确岗位绩效标准。根据集团战略规划，对标行业标杆，将企业战略目标层层分解，确定年度关键绩效指标，与职业经理人签订

《经营目标责任书》。三是建立监督约束机制。定期跟踪企业经营情况，召开月度经营形势分析会，系统总结分析企业运营管理中的成效与不足，及时总结成功案例，对异常情况提出预警。加强企业内部审计监督和纪检巡察，建立职业经理人责任追究制度和风险防控制度，强化纪律约束。多年来，融资租赁业务总体逾期率保持低水平、应收款零坏账。

三、坚持差异化薪酬，突出正向激励导向

一是进行差异化薪酬设计。打破集团原有薪酬结构，职业经理人年薪构成包括基本年薪、绩效年薪及超额利润分享。二是坚持市场化定薪原则。参照类金融行业经营管理人才薪酬水平，确定职业经理人基本年薪水平。三是实施市场化业绩评价及价值分配。按照“薪酬水平、业绩表现与市场双对标”原则，建立与价值创造直接挂钩的分配机制，据此确定职业经理人绩效年薪水平。建立超额利润分享机制，设置超产奖，超额利润计提一定比例作为职业经理人超额激励。绩效年薪、超产奖上不封顶、下不保底，多贡献多得，少贡献少得，不贡献不得。

四、坚持市场化退出，畅通人才流动通道

一是建立退出制度。在《职业经理人管理暂行办法》中，明确职业经理人退出条件，真正体现“从市场中来、到市场中去”。二是划定退出红线。职业经理人年度考核称职及以上的，在任期

内自动续聘；年度考核基本称职的，留岗观察半年，半年后仍考核基本称职或不称职的，解除聘用；年度考核不称职的，解除聘用。三是完善退出程序。职业经理人因个人原因辞职或业绩不达标、考核不称职被解聘的，均进行离任审计。离职手续包括签订解除劳动合同协议、保密协议等，依法保障职业经理人和公司双方权益，尽可能降低职业经理人退出带来的经营风险。

中南出版传媒集团以改革创新促进社会效益和经济效益相统一

中南出版传媒集团股份有限公司始终坚持以改革创新为第一动力，做强做优做大主业，出版的多部图书荣获第五届中国出版政府奖，2021年度营业收入达113.3亿元、利润总额达16.6亿元，实现社会效益和经济效益双丰收。

一、推进理念创新，提高企业竞争力影响力

提高政治站位，强化责任担当，主动融入国家重大战略和新发展格局，在主题出版、媒体宣传、脱贫攻坚、乡村振兴等方面积极作为，围绕湖南省“三高四新”战略定位和使命任务下好先手棋、打好主动仗，参与马栏山视频文创产业园建设，巩固提升企业影响力。加快由单一的产品提供商向综合性教育服务商转型，顺应教育改革新趋势新需求，在确保完成“课前到书，人手一册”政治任务、守住教材教辅传统“粮仓”基础上，大力推进“E堂好课”、“智趣”课后服务、湖南省5G+乡村智慧教育创

◎ 中南出版传媒集团参与书展活动展台

新融合工程等项目，全面发力数字教育产业，延伸教育服务产业链，积极履行社会责任。

二、推进机制创新，确保改革出人才出效益

把坚持党的领导和完善上市公司法人治理结构结合起来，强化企业党委领导核心和政治核心地位，发挥党委“把方向、管大局、保落实”重要作用。在集团层面设置总编辑岗位，设立编辑委员会和装帧设计委员会，严把内容导向和出版质量。在出版社推行项目制、事业部制、分社制、合伙人制、工作室制等，鼓励创意人才和专家团队组建事业部，创新选题策划模式，推出一批精品力作。实行职业经理人制和导师制，为人才提供干事创业平

台。推行管理岗位公示制，扩大选人用人视野，鼓励员工自我报名和相互推荐。完善人才激励机制，优化考核和薪酬分配体系，实行“一企一策”，推动薪酬分配向一线员工、骨干员工及作出突出贡献的员工倾斜。建立高标准的风险控制制度体系，每年在系统内进行内控建设专项考评，全方位控制经营风险，保障公司规范稳健安全运营。

三、推进业态创新，培育发展新动能新优势

坚持线上与线下相结合，以数智化、市场化为方向加快转型升级，建设中南国家数字出版基地马栏山园区。携手华为公司、北京大学共同实施人工智能出版项目，参与制定数字出版行业标准，促进技术成果产业化应用。充分发挥内容资源和技术传播优势，借力人工智能、大数据等新技术服务“一老一小”人群。加强金融板块和主业板块联动，成立财务公司，为巩固出版主业、加速融合发展、提升资金收益创造良好金融条件。成立基金管理公司，重点在教育、人工智能、大数据、文化旅游、健康养老等领域布局，打造多种投资方式相互促进的综合基金投资和管理体系。

重庆出版集团推进印刷企业改制重组

近年来，重庆出版集团深化文化体制改革，将所属的重庆新华印刷厂、重庆新华印务有限责任公司进行改制重组，退出低效产能、重组业务资源、开拓新兴市场，实现集团印刷业务板块脱胎换骨、扭亏为盈。

一、盘活资产资源，提升造血能力

新华印刷厂由全民所有制企业改制为有限责任公司，退出印刷业务，安置职工 312 人，处置机器设备 84 台（套），升级改造现有 3 万平方米厂房引入物流产业，使闲置资产实现较高收益，在此前每年亏损 1000 多万元的情况下，经营形势逐年好转，用 3 年时间扭亏为盈，目前年利润保持在 1000 万元以上。新华印务公司吸纳新华印刷厂输送的印刷业务、设备与人员，优化生产系统产能配置，扩充专业技术队伍，实现传统印刷业务稳定增长；同时寻求业务突破，扩大业务范畴，引入杂志、接装纸、电子产品包装等印制业务，2021 年营业收入比上年度增长 1000 多万元。

二、加强流程管控，提升产品质量

新华印务公司把产品质量和安全生产摆在突出位置，加强质量管控和精益化管理，严把原辅材料入口、印制加工和产成品出库全流程质量关，实行印装质量三级管理。在 2021 年春季重庆市送样检测评比中，共送检 37 个品种，其中 13 个品种获优，优质品率达 35.14%，稳居榜首。把教材印制作为重要政治任务，在人教社中小学教材印制工作任务重、时间紧的情况下，一手抓质量一手抓效率，实现"课前到书，人手一册"。

三、加快技术改造，提升生产效能

新华印务公司强化数字技术在印刷环节的实践应用，一方面加快智能化改造，添置先进印刷设备，引入印刷质量检测比对系统、在线称重系统和错帖监测系统等，提高效率、降本增效。另一方面加快绿色化改造，注重原辅材料进口把关、过程控制，新投入废气集中处理系统、废显影液及冲版水净化设备。2020 年被市新闻出版局评为"重庆市印刷业绿色化发展示范企业"并获得项目奖励，已通过中国环境标志产品认证、质量管理体系认证、环境管理体系认证。

引进先进印刷设备加快智能化改造

四、健全规章制度，提升管理绩效

新华印务公司加强党的领导，建立健全内控体系，修改完善近百项规章制度、岗位职责和工作流程，不断提高企业经营管理制度化规范化水平。发挥考核指挥棒作用，制定调整薪酬考核方案，激发员工积极性主动性，增强企业凝聚力战斗力。严格执行“三重一大”决策制度等相关规定，加强财务监督、审计和日常管理，做好财务分析和成本控制，提高资金使用效率，确保国有文化资产保值增值。

贵州电子商务云公司开展混合所有制改革和员工持股试点

贵州电子商务云运营有限责任公司是省属文化企业多彩贵州网有限责任公司二级子公司，是从事电商综合服务的互联网高新技术企业，2018 年经中宣部文改办备案，开展混合所有制改革和员工持股试点。试点以来，公司连续 4 年营业收入复合增长率超过 70%，2021 年突破 3.5 亿元、2022 年上半年达到 2.3 亿元，净利润连续 3 年复合增长率超过 40%，打造的“一码贵州”成为全省商家最多、产品最全、服务最广的数字经济综合服务平台，实现社会效益和经济效益相统一。

一、实施混合所有制改革，完善公司法人治理结构

按照国有文化企业公司制股份制改革有关精神要求，遵循互联网行业发展规律，以混合所有制改革为契机，加快建立现代企业制度，提高国有企业经营效率和国有资本运行效率。一方面，引入战略投资，优化股权结构。以增资扩股方式引入贵州贵安产

业投资基金、贵州绿色产业扶贫投资基金、贵州文化产权交易所有限公司及贵州省文化旅游产业股权投资基金合伙企业（有限合伙）等，通过多轮引入战略投资实现股权多元化，非公有资本股东所持股份达到一定比例，优化了国有资本布局。另一方面，完善法人治理结构，提升运营管理水平。构建权责法定、权责透明、协调运转、有效制衡的公司治理结构，健全人事、任用、考核、激励等制度，完善市场化劳动人事分配制度和业绩考核评价体系，形成管理人员能上能下、员工能进能出、收入能增能减的常态化机制。

二、开展员工持股试点，建立长效激励约束机制

按照有关要求，结合自身实际情况，探索开展员工持股，构建利益共享、风险共担的长效激励约束机制，调动员工积极性、主动性和创造性。一是细化员工持股要求。制定实施方案，明确公司高级管理人员、中层管理人员及核心业务骨干的持股范围和条件，明确以现金增资扩股方式进行，确定员工持股价格，规定单一员工持股比例不超过 1%，对员工股的管理作出安排。聘请专业机构对实施方案的合规性、可行性进行审核，并按程序报出资人同意后实施。二是成立员工持股平台。为保持公司股权稳定，便于员工持股顺利开展，设立员工持股平台——贵州云聚咨询合伙企业（有限合伙）进行增资扩股，平台负责员工股的流转，不从事持股以外的任何经营活动。三是稳步推进方案实施。按照“依法合规、公开透明”的原则，稳步推进持股方案实施，

2018 年 12 月，首批 33 名员工以 2.7 元 / 股价格现金出资 235.62 万元，通过持股平台持有公司 4.71% 股份。同时持股平台预留公司 5.29% 股份作为后续员工持股份额。

三、释放改革创新效能，推动企业持续健康发展

通过混合所有制改革和员工持股试点，促进员工利益与企业利益紧密结合，更好地吸引和留住人才，有效激发了创新创造活力，公司驶入持续发展快车道。整合创新打造“一码贵州”数字经济综合服务平台，在智慧物流、供应链金融、数据应用等方面持续发力，提供由生产端到消费端的全链条产业服务，实现一个平台一张网推动“黔货出山”。适应常态化疫情防控和经济社会发展形势要求，积极做好农产品产销对接和市场保障供应工作。

一码贵州

——做贵州的大平台大产业

“一码贵州”平台

助力脱贫攻坚和乡村振兴，聚焦“服务下乡、黔货出山”，完善“平台 + 服务 + 数据”体系，通过大数据、数字化流通、社区电商等创新模式，连通产销两端，推动全省农产品销往各地，让贵州小农户融入全国大市场，增加农户收入，公司被评为贵州省脱贫攻坚先进集体、贵州省消费扶贫示范单位。

陕西西部电影集团以改革为动力做强主业做活产业

近年来，西部电影集团针对机制僵化、人才流失、创作乏力、历史负担沉重等难题，向改革要动力，以改革促发展，着力构建以影视主业为核心，文旅、传媒协同发力的“一体两翼”发展格局，让传统国企焕发新的生机活力，荣获“全国版权示范单位”称号，截至2021年年底，资产总额从2015年年底5亿元增至35亿元，年营业收入突破2亿元。

一、深化改革，以构建现代企业制度激发活力

全面优化组织架构，撤并8个职能部门，清退4个“僵尸企业”，推动资源整合、业务聚合。理顺集团与下属公司的出资关系，推动下属公司成为自主经营、自负盈亏的独立市场主体。重组西安电影制片厂，成立文旅公司、基金公司，明晰业务方向和产业布局。从制度建设、目标任务、绩效考核等方面建立市场化管人用人机制，规范在岗、退养、待岗、病休、艺创等

人员管理，每年降低人力成本500多万元。建立健全党委会、董事会、监事会和总办会等决策、约束监督制度体系，建立和规范人事、财务、法务、投资等管理制度，修订制定5大类80余项制度。

二、盘活资产，以打造产业园区重塑影视发展生态

按照转制文化企业国有土地资产处置相关政策，以作价出资方式盘活厂区土地，资产规模进一步扩大，融资能力得到提升。按照“无伤痕开发”理念，拆除厂区围墙，自筹10亿元，将150亩老厂区打造成为“电影圈子·西影电影产业集聚区”，为重塑陕西影视发展生态打下良好基础。修复60多年的老办公楼、摄影棚等建筑群，保留胶片洗印修复及数字化生产线，系统梳理反映西部电影发展的15万余份艺术档案，建成电影放映设备藏量

◎ 西影秉承“无伤痕开发”理念，完整保留老厂区红砖建筑群风貌

丰富的西影电影博物馆，收藏上万张纵贯全球电影发展史的国内外原版海报，将“电影圈子”打造成为影视从业者心中的一座电影艺术殿堂。同时，建成独具电影艺术特色的办公及商业空间，配套剧本室、艺术影厅、4K 高清虚拟演播室等功能设施，吸引 40 余家影视上下游企业入驻。

三、强基延链，以“一体两翼”战略布局引领高质量发展

不断延伸拓展影视产业链条，形成影视和文旅、传媒“一体两翼”的发展格局。在影视主业方面，设立“故事研究院”，发起成立陕西影视联盟，发布“西影青年影人计划”，进一步集聚影视发展力量。加强与头部企业、优质创作团队等外部力量的合作，不断完善影视创作生产体系。近年来，先后出品《大漠雄心》《装台》《在希望的田野上》等 30 余部优秀影视作品。在文旅方面，以“影视 + 文旅”的跨界融合为方向，以影视版权的实体化、体验化为核心，用电影基因赋能城市更新，将老厂区打造成为电影艺术化生活空间。以“电影圈子”为蓝本，探索品牌输出，逐步形成电影艺术商业探索、影视基地策划运营、文旅项目策划输出、遗产保护与城市更新相协调的发展模式。在传媒方面，整合西影视频、西部电影频道等平台资源，在创意策划、内容制作、宣传推广、技术更新等方面深度融合，传媒板块业务收入由 2016 年不足 3000 万元增长至 2021 年的 1 亿元。

宁夏银川艺术剧院以深化改革推动出精品出人才出效益

近年来，银川艺术剧院坚持社会效益优先，遵循艺术发展规律，以改革促发展，逐步打造成集舞剧、曲艺、杂技等创作演出于一体，艺术门类齐全、创演实力较强的专业艺术表演团体，创演质量、管理水平、服务效能不断提升。

一、坚持以改革为根本动力，着力提高市场适应能力和发展活力

银川艺术剧院2010年由事业单位改制为银川艺术剧院有限公司，近年来按照深化国有文艺院团改革要求，不断推进体制机制改革向纵深发展。适应财政投入方式由按人头拨款的“养人”机制向“养事”模式转变，解决财政拨款与实际支出之间存在较大缺口的问题，剧院转变思路观念，内挖潜能激活力，外扩市场求发展。打破“铁饭碗”，实行全员聘用制，总经理由市文广局聘任，公司中层干部竞聘上岗，转制分流职工170余人，引

进特殊艺术人才 40 余名，先后培养国家一级演员 16 名。建立演职员多演多得的激励机制，按照不同艺术门类设置不同薪酬、补助标准和级差，确保演出收入向一线演员、艺术人才倾斜。在突出主业的同时，开展多元经营，运营管理银川剧院、银川文化博览园，成立艺术培训中心，从“等市场”转变为“找市场”，为做强主业提供反哺支持。比如，银川剧院举办各类剧目演出活动 478 场次，引进精品剧目 74 场次，承接政府公益性活动及商业性演出 259 场次，接待观众 52 万人次。

二、坚持以演出为中心环节，着力提升优质文化供给和服务效能

广泛开展公益性演出，常年深入银川市 26 个乡镇 286 个行

宁夏银川艺术剧院在中国·银川第五届黄河文化旅游节开幕式上演出

政村送戏下乡，每年完成惠民演出 150 场。承担大型活动文艺演出，承办第三届中国文化馆年会开（闭）幕式、2018 年中央电视台“心连心”艺术团慰问演出、自治区成立 60 周年庆祝大会方队表演、自治区第十五届运动会开（闭）幕式等活动。积极拓展国内外演出，舞剧《月上贺兰》在国内 70 多个城市以及 20 多个国家和地区巡演 751 场，其中境外演出 85 场，成为“一带一路”文化交流的特色剧目。赴欧洲四国完成“欢乐春节”演出，赴非洲三国完成“文化聚焦·魅力中国”演出，举办七届阿拉伯国家舞美技术人员研修班，获得良好反响。

三、坚持以精品创作为重点任务，着力发挥国有院团主导地位和引领作用

强化以人民为中心的创作导向，抓好舞台艺术精品创作，推出剧（节）目 200 多个，获文华奖、荷花奖、铜狮奖等奖项 110 余次。舞剧《月上贺兰》荣获荷花奖、文华大奖特别奖、国家舞台艺术精品工程、全国少数民族文艺会演剧目金奖等，3 次入选国家艺术基金交流推广项目。舞剧《不到长城非好汉》作为自治区成立 60 周年献礼剧目首演，参加新中国成立 70 周年献礼剧目晋京展演，赴江苏等省巡演 30 余场。话剧《情系贺兰》荣获 2020 年脱贫攻坚主题戏剧作品晋京展演优秀剧目。杂技剧《岩石上的太阳》荣获全国少数民族文艺会演舞台美术奖、全国杂技展演优秀剧目等，赴北京、内蒙古等地巡演 155 场，受到广泛欢迎。

第四篇

XINSHIDAI WENHUA GAIGE FAZHAN
ANLI XUANBIAN

深化媒体融合发展

“学习强国”学习平台创新打造新时代党员群众的精神家园

“学习强国”学习平台是以学习宣传习近平新时代中国特色社会主义思想为核心内容和主要任务的互联网平台，自 2019 年 1 月 1 日上线后，覆盖面不断扩大、影响力不断上升，仅用 4 个月实现注册用户总数过亿，17 个月过 2 亿，到 2022 年 6 月底，已超过 2.8 亿人，日活跃率稳定在 25%—30%，日阅读人次保持在 9 亿左右，被越来越多的党员群众称为学习习近平新时代中国特色社会主义思想、学习中央精神，学习党的理论路线方针政策，获取权威信息，学习各种知识的“掌中宝”“充电器”。

一、建设当代中国马克思主义的新型学习宣传阵地，“学总书记思想，上学习强国”逐渐成为社会共识

注重用习近平新时代中国特色社会主义思想统领平台内容建设，充分展示习近平总书记的崇高风范、深挚情怀、务实作风和可敬可亲的形象。一是建设集大成的新思想数据库。设置

"新思想"专区，开设"第一频道""习近平文汇""习近平日志""习近平足迹""习近平同期声""习近平金句"等专题专栏，设立习近平经济思想、法治思想、生态文明思想、强军思想、外交思想专门板块和频道，实现对习近平总书记改革发展稳定、内政外交国防、治党治国治军等方面思想的覆盖。二是推出系列独家精品。"习近平文汇"分58个专题，汇集总书记从正定以来的重要讲话和论述。"习近平日志"以日历方式呈现总书记重要活动、重要讲话、指示批示等9方面内容。"习近平足迹"以地图形式展示总书记国内考察和出国访问的新闻。"习近平同期声"集纳总书记各种场合讲话同期声。同时，还推出"与人民在一起""人民心中的习近平""世界眼中的习近平"等一批独创性专栏。三是精心设计学习试题。习近平总书记每次重要讲话、重

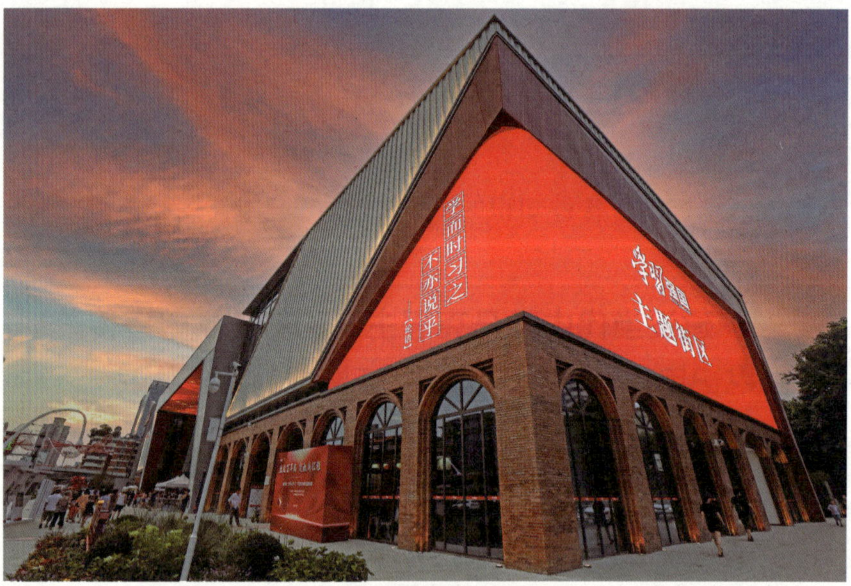

2021年6月，全国首个"学习强国"主题街区在四川成都正式亮相

要会议和重要活动后，都及时推出专项答题，将习近平新时代中国特色社会主义思想融入每日答题、每周答题、挑战答题等环节。数据显示，与习近平新时代中国特色社会主义思想密切相关的内容始终保持最高阅读量、点赞量、评论量。“学习强国”学习平台已成为学习宣传、研究阐释新时代党的创新理论的集大成平台。

二、打造优质思想文化聚合平台，“全党办、大家办、开门办”成为平台健康发展重要支撑

广泛聚合各类优质文化资源，先后有5500多家部门和单位提供内容、技术、人力等资源支持。一是建设覆盖地方党委宣传部门的供稿系统、重要新闻专稿系统、新闻网站抓稿系统、社会用户海投系统。二是建设覆盖全国的二级三级分平台体系，已建立34个省部级平台、30余个地市级平台，已有500多家县级融媒体中心通过“全国供稿链路”报送稿件。三是设立中央和国家机关、新闻单位、高校等参建的“学习强国号”矩阵，目前已建设1000多个强国号，未来实现县级融媒体中心学习强国号的入驻。四是打造内容生产融平台，建设集抓稿、专稿、地方供稿、强国号、采编审核、签发、运营、分类标签等于一体的信息采集系统中台，实现PC端和APP端内容互融互通，稿件一次生产，多端复用，大幅提升内容生产发布效率。五是丰富合作方式，与中国出版集团等31家出版单位签订了数字内容资源合作协议，与电影频道、电影家协会、电影资料馆、《中

◎ 2021 年 6 月，“学习强国”武汉学习平台举行党史知识挑战赛全市总决赛

国电影报》等 20 多家单位合作，不断推出优质影视剧和影视信息。六是鼓励全民参与，建立众筹众创、共建共享模式。建立和丰富“纵向到底、横向到边”的学习组织架构，到 2022 年 6 月底，平台共有学习组织 423.4 万个，学习管理员 752.56 万人。

三、建设集思想性、新闻性、综合性、服务性于一体的多功能平台，“学习强国”学习平台成为人民群众爱用、好用、常用的“掌中宝”

坚持以人民为中心，不断拓展政务和民生服务，成为人民群众学习生活好帮手。一是注重便捷性互动性。设置评论和答题，通过图文、音视频呈现和争上游答题、双人对战等创新答题系统，增强趣味性。通过学习积分形式，激励用户转发分享、点赞、收藏、评论、专题考试等，实现人人学习、时时分享，营造比学赶超的浓厚学习氛围。二是注重增强综合服务性。与电信运营商合作，推出兑换流量包活动，“强国城”首页累计访问人数超 4733 万人，为用户提供 1700 多万 G 手机流量。与新华书店总店合作打造“学习强国”网上书城，与全国电影院线、票务网站平台合作开展电影票和演出剧场票兑换，逐步推出红色旅游景点门票兑换功能，加速推进兑换高铁票功能。疫情期间，推出“在家上学”“在家就医”“在家健身”等 9 个“在家系列”，用户足不出户可免费在线学习，深受广大用户喜爱。三是助力脱贫攻坚。开设“决战决胜脱贫攻坚”专题、农民丰收频道、强国实播爱心助农栏目，设置助农公益议题，帮助农户解决农产品滞销问题。将贫困地区的农产品入驻“强国城”，鼓励用户用“点点通”兑换折扣购买，形成助农强大合力。

四、打造多终端展示、多网融合的融媒体平台，新技术新平台赋能传统业态的倍增效应得到充分彰显

一是坚持移动优先、四网融合。平台从建设开始就以打造移动平台为主，把技术力量、工作队伍、优质资源向移动端倾斜。着力打造融报、刊、台、网、端、微、号、屏各种资源为一体的融媒体平台，实现多层次、全方位、随时随地传播。顺应互联网、电信网、广电网、物联网四网融合趋势，打造多网融合终端，实现跨部门、跨行业、跨领域、跨界别的终端再造。开通了

中国航空集团“学习强国的航空版”，“学习强国”已进入20多个省份的家庭有线电视，20多个品牌汽车的车载音频视频系统。二是壮大主流媒体声音。整合76家中央及各省区市党报党刊、148家中央及各地卫视和广播电台、交通台，77家可供转载新闻的网站。通过“学习强国”学习平台收看央视《新闻联播》每天达3800多万人次，有力推动了主流媒体权威信息的传播。三是应用新技术优化用户体验。采用语音合成等技术，实现图文内容语音播报功能，解放用户手和眼。利用人工智能和大数据分析，构建1万多个实体标签的个性化推荐标签体系、推荐算法架构体系和推荐评估体系。将海量内容资源以音频、直播、短视频等形式进行立体展现。开发“强国通”即时通信、视频通话、影视投屏、强国云盘、视频会议等功能，被广泛应用。

人民日报社、新华社、中央广播电视总台加快推进媒体融合国家重点实验室建设

习近平总书记在十九届中共中央政治局第十二次集体学习时强调，推动媒体融合发展、建设全媒体成为我们面临的一项紧迫课题，要运用信息革命成果，推动媒体融合向纵深发展，做大做强主流舆论。贯彻落实习近平总书记重要讲话精神，科技部于 2019 年 11 月批准在人民日报社建设“传播内容认知国家重点实验室”、在新华社建设“媒体融合生产技术与系统国家重点实验室”、在中央广播电视总台建设“超高清视音频制播呈现国家重点实验室”。近 3 年来，人民日报社、新华社、中央广播电视总台以国家重点实验室建设为抓手，加快推进媒体深度融合发展，打造新型主流媒体，不断提高传播力、引导力、影响力、公信力。

人民日报社聚焦传播内容认知，以应用基础研究为定位，以文理交叉融合为特色，加快推动传播领域关键核心技术自主创新，为巩固宣传思想文化阵地、壮大主流思想舆论赋能

*一是在组织架构方面。*实验室由报社主管，依托人民网建设，实行人财物相对独立的管理运行机制和主任负责制，主任由人民网董事长担任，重大事项由报社编委会研究决定。组建理事会，主要负责实验室运行重大事项的审议和决策，理事长由报社领导班子成员担任，执行副理事长由人民网董事长担任，报社相关部门单位负责人和人民网相关人员担任成员。组建学术委员会，主要负责审议实验室的目标、研究方向、重大学术活动、年度工作计划和总结等，中国工程院院士倪光南担任学术委员会主任。

*二是在科研创新方面。*实验室建设的核心目标是，通过科研将导向要求和引领作用转化为可计算、可感知、可认知、可运用的人工智能技术体系，提高新闻信息原创率、首发率、落地率。目前主要从主流价值观精准传播、内容智能审核、网络空间内容态势感知等 3 个方向开展科学研究，牵头承担国家重点研发计划项目 2 项，参与国家社科基金重大项目 1 项，设立自主研究课题 30 余项。实验室着力培养造就“文化 + 人工智能”复合型高层次人才，采取“全职 + 双聘 + 兼职”的形式组建稳定、开放的科研队伍，实行“学术 + 工程”双轨制推动业务需求和科学研究相结

◎ 人民日报社传播内容认知国家重点实验室

合。同时加强与国内一流科研院所、高校、企业的合作，联合培养高水平科研人才，构建有效的产学研合作机制，建立可持续发展人才培养机制。

三是在成果应用方面。实验室多项研究成果已在人民网内容聚合分发、内容风控和网络空间治理等业务线上进行应用示范验证。例如，网上群众工作大数据分析系统、涉政论述智能勘误系统、突发公共事件舆情监测与效果评估平台等；构建了跨模态搜索引擎平台，日监测国内外网络内容 1.5 亿条，其中音视频节目超过 1000 万条。

新华社将实验室建设作为“先导工程”和“引擎项目”，把技术摆在更加突出的位置，坚持制度创新和科技创新“双轮驱动”，为深入探索具有通讯社特色的媒体融合发展之路发挥了积极作用

一是在组织架构方面。建立实体化运行的架构模式，专门安排社直属企业、全资公司新华融媒科技作为实验室的独立运营主体，在社党组直接领导下开展工作，公司董事长担任实验室主任。一方面，社党组发挥组织优势，迅速整合技术局、新华网、中国搜索等部门骨干，汇集百人团队，实现系统布局、科学统筹、集中力量、协同攻关。另一方面，运营公司发挥企业主体的市场优势，在灵活对接市场、高效作出决策、科学配置资源上有充分自主权，在人才引进、创新激励、开拓市场、引入战略投资等方面最大限度提供支持保障。

二是在科研创新方面。开展全方位、大范围、多层次的科技合作，整合汇聚媒体、高校、科技公司、科研院所等创新链不同环节的资源力量，打造开放协同的科研创新队伍。着力引进领军人才，聘任中国科学院院士、北京大学教授鄂维南为实验室首席科学家，聘任上海交通大学等科研院校的 11 位专家学者为特聘研究员。与北京大学签署战略合作协议，设立“国家重点实验室北京大学基地”，双方科研团队深度合作。与电信运营商、中国信息通信研究院和中兴、华为等终端制造商，围绕 5G 融媒体的关键核心技术、基础公共设施、典型场景、示范

◎ 新华社媒体融合生产技术与系统国家重点实验室

应用等开展合作。

三是在成果应用方面。聚焦“媒体融合生产技术与系统”定位，强化研发成果的生产应用，将科研部门和业务部门结成闭环，将技术研发和业务建设高度融合，将创新性实用性研发成果快速融入新闻生产实践。例如，运用扩展现实技术赋能主题报道，运用 5G 网络传输和全息成像技术实现异地同屏访谈，创新推出“卫星新闻”报道样态等。同时立足“媒体的媒体”定位，积极将实验室创新成果向全行业开放，例如，建设“元枢”智慧中台，为媒体的日常数据采集、加工、挖掘和应用，提供贯穿全流程、赋能全场景的全媒体内容知识生产工具和平台；研发推出的“媒体大脑”“现场云”等新闻生产平台，服务媒体机构 4700 余家。

中央广播电视总台围绕媒体融合环境下云网一体化制播和我国超高清领域“卡脖子”的关键技术，在超高清视音频制播技术、5G媒体应用技术、大数据人工智能技术、视音频评测技术等4个方向上，开展基础研究、系统设备研发、成果转化及应用示范，着力打造具有国际先进水平的超高清技术创新生态链

一是在组织架构方面。实验室依托总台技术局进行建设和运行，是相对独立的科研实体，主任由总台编务委员会成员担任，日常运行与管理实行主任办公会制，主任办公会每月至少召开一次。组建理事会，主要负责审议实验室技术发展规划、科研项目指南、科研成果等事项，理事长由主任兼任，理事会议每半年至少召开一次。组建学术委员会，主要负责审议实验室的研究目标、任务、方向和中长期发展规划，审议重大学术活动，提出年度开放课题建议和方向指南等。目前已聘请中国工程院院士高文为学术委员会主任，中国科学院院士毛军发和中国工程院院士沈昌祥、戴琼海、丁文华等人为学术委员会委员。

二是在科研创新方面。按照“开放、流动、联合、竞争”的运行机制，联合国内外企事业单位、高校、科研机构，围绕媒体领域关键技术开展创新性科学研究和应用推广。按照“鼓励创新、稳定支持、定性评价、宽容失败”的原则进行考核。牵头承担冬奥会超高清8K数字转播技术与系统研制等4项科技部国家重点研发计划重点专项，牵头承建发展改革委、工业和信息化部

◎ 北京冬奥会速滑 8K 转播中使用的 8K 讯道摄像机

2 项国家重大技术工程项目。开展 8K 超高清电视频道播出、超高清专业监视器等 30 余项开放课题研究项目。

三是在成果应用方面。超高清电视制播技术实现从“并跑”到“领跑”的跨越，总台开播 8K 超高清电视频道，实现了全球首次冬奥会 4K/8K 超高清电视国际公共信号制作和直播，打破了国外在冬奥会电视转播上的技术垄断，赢得了国际奥委会和奥林匹克广播服务公司的高度赞誉。自主研发全球领先的超高速 4K 轨道摄像机系统“猎豹”、鱼竿摄像机等特种设备。2022 年全国两会报道中，创新运用虚拟演播室、大数据归集、AI 超仿真主播等新技术手段，推出《两会你我他》等移动化、智能化、年轻态的融媒体产品，吸引更多年轻受众主动转发关注。

天津加快推动海河传媒中心构建全媒体传播体系

近年来，天津市贯彻落实中央关于加快推进媒体深度融合发展的部署要求，推动海河传媒中心大力度整合旗下媒体资源，采取优先发展移动新媒体、重塑采编机制流程等一系列改革举措，在体制机制、内容建设、技术支撑、管理创新等方面加快融合步伐，着力打造具有强大影响力和竞争力的新型主流媒体。

一、以机构改革为先导，强化资源集约统筹

合并原天津日报社、今晚报社、广播电视台，于 2018 年 11 月挂牌成立全媒体形态的海河传媒中心，撤销三家新闻单位独立法人建制。整合各媒体相关职能，成立 14 个综合管理部门、42 个业务和运营部门，内设机构由改革前的 150 个压缩至 56 个，处级干部由 355 名压缩至 184 名。压缩传统媒体数量，主动关闭 10 多份子报子刊，关闭调整近 10 个电视广播频道频率，停更合并 8 个新闻网站、客户端。通过中心内部招聘，近 800 名采编人

员实现了跨媒体流动，特别是推动优质内容、专业人才向互联网主阵地汇集、向移动端倾斜。

二、以内容建设为根本，扩大优质产品供给

发挥采编和信息资源优势，用专业人才打造内容精品，在及时性、权威性、准确性、思想性上下功夫，提高正面宣传和舆论引导的质量水平。围绕宣传习近平新时代中国特色社会主义思想和建党百年、小康梦圆、抗击疫情等重大主题，创新内容表现形式，推出系列微党课短视频、“中国共产党人精神谱系”、读图作品《不负重托　砥砺前行的“天津答卷”》等作品，以切口小、角度新、采访深、表达活的原创内容，形成良好的传播效果。天津日报评论《向群众汇报》、津云新媒体短视频《无胆英雄张伯礼》等荣获中国新闻奖一等奖。

三、以先进技术为支撑，提升新闻生产效能

用好信息技术革命成果，打造自主可控平台，重构策采编发内容生产流程，实现图文、视频等一次后台编发，多终端同步发布。完成津云客户端升级，新增“语音唤起节目”“在线切换样式模板”“专题新闻块拖拽”等功能。成立智媒体研究中心，对新闻传播领域新技术开展前瞻性研究和应用，使用动作捕捉技术打造虚拟主播“云小朵”，使用人工智能辅助审核技术对网民上传的海量用户头像、视频等进行敏感图形识别，用

津云中央厨房为媒体融合生产提供服务支撑

语音合成技术为电视片辅助配音。与天津 16 个区融媒体中心紧密合作，形成全市“一朵云”的媒体融合新格局。天津广电网络公司纳入海河传媒中心一体发展后，以 IP 技术为支撑建设节目集成平台，播出机房系统由 5 套减为 2 套，减少机房占用近千平方米，值班工程师总数由 72 名减至 29 名，实现了业务数据、技术应用和管理手段的共融互通。

四、以创新管理为保障，健全全媒体工作机制

按照“一体多维、双向进入，围绕主线、突破头部，抓实增量、带动存量，再造流程、创新机制”的总体思路，建立采访、编辑、技术“全媒体联动、全天候响应”机制和一体化指挥体系，实现一次采集、多次生成、网络优先、多元传播，推动内容生产效率和媒体影响力的双提升。以周例会制度组织协调各媒体

内容生产，统筹做好重大主题报道的事前策划和采编资源分配，事中协调落实和应急处置，事后进行综合评价。各媒体编辑部强化各自内容生产例会制度，畅通与中心例会的对接机制。打破部门界限，建立融媒体工作室机制，打造更多群众喜爱、刷屏热传的融合产品。

安徽淮北以体制机制改革促进媒体深度融合发展

2019年以来，安徽省淮北市整合淮北日报社、淮北广播电视台两家新闻单位，成立淮北市传媒中心，通过在组织架构、采编流程、内容生产、薪酬体系、人才培养等方面的一系列改革创新，努力打造新型主流媒体。

一、加强整合重组，推动主流媒体真融实融

一是重建组织架构。将传媒中心组织架构划分为新闻采编、产业经营、综合服务“三大序列”。遵循新闻采编播发流程再造规律，将新闻采编序列划分为指挥中心、采集中心、编辑中心、节目中心、数字媒体中心等“五大中心”。二是重塑采编流程。构建面向“移动化、社交化”的新型采编流程和全媒体工作机制，整合采编力量，让一支采编队伍服务多个平台。在每一个平台上，构建“策划—指挥—采集—编辑—分发”全媒体链条，形成一体联动工作机制。三是重构传播体系。传媒中心拥有《淮北

淮北市传媒中心

日报》1 张报纸，新闻综合频道、公共频道、科教频道 3 个电视频道，新闻综合广播、交通广播 2 个广播频率，淮北新闻网 1 个网站，1 个客户端和 50 多个公众号，以及覆盖城乡的应急广播体系，形成了报、台、网、微、端、声、屏“七位一体”的全媒体传播格局。

二、聚焦新闻主业，推动内容传播出新出彩

以“中央厨房”为基础，推动融媒体产品一次采集、多元生成、全媒体发布。创新传播形式，大力推进“新闻＋短视频”“图文＋短视频直播”“H5+ 短视频”等融合传播，探索沉浸式、互动式、社交化产品新形态，打造更多“现象级”产品。加强科技

支撑，坚持移动优先，建设自主可控的“媒体云”平台，打通报纸、电视生产。加快推进融媒体指挥发布、应急广播和城市大脑智屏集成平台建设，打造集舆情分析、宣传指挥、媒资管理、内容分发、应急联动于一体的综合服务平台。

三、强化激励保障，推动人才队伍有守有为

一是以贡献论薪酬。坚持“按劳分配、多劳多得、优劳优得”“同岗同工同考核同待遇”的原则，建立全员“基本工资+绩效+奖金”的薪酬考核机制，以岗位定绩效，破除原有“大锅饭”现象，充分调动全员积极性、主动性、创造性。二是按能力排座次。按照以人为本和“干部能上能下、职工能进能出、收入能多能少”的要求，变“伯乐相马”为“赛场赛马”，将政治立场坚定、工作实绩突出、群众普遍认可的同志提拔到部门领导岗位上来。传媒中心成立以来，近30名干事有热情、办事有方法的青年人才走上了部门领导岗位、重要业务岗位。三是因岗位用人才。设置工作室、项目制等平台，做到人尽其才、才尽其用、用有所成。适应媒体深度融合发展需要，按照一专多能原则，着力培养一批全媒体复合型人才，着力培养一批会策划、懂营销、善执行的综合型经营人才。

四、探索多元发展，推动两个效益互促互进

积极拓展经营业务，做大“淮北小记者”“少儿艺术团”“少

儿合唱团”“绘声绘色”等教育品牌，创新实施车展、房展、助农等“云享·生活”工程，打造“青歌赛”“文创集市”“音乐节”等主题活动，筹划布局研学、旅游等产业，增强造血功能，服务事业发展。2021 年，传媒中心克服新冠肺炎疫情影响，运营收入实现 5388 万元，再创历史新高，同比增长 5.2%，职工人均收入同比增长 6% 左右。

江西分宜推动县融媒体中心提质增效

近年来，江西省分宜县按照中央关于县级融媒体中心建设的有关要求，确定“机构融合先行、平台融合立本、保障延伸到位”的改革思路，在机构人员融合、技术平台融合、管理机制融合、内容生产融合的基础上不断提质增效，走出了一条符合中西部地区实际的县级融媒体中心建设发展新路。

一、机构融合先行，改革创新破题

江西省分宜县委把推动媒体融合发展列入深化改革的重点突破项目，成立以县委副书记为组长，宣传部部长为常务副组长，常务副县长、组织部部长、分管副县长为副组长的专项改革工作领导小组，出台《分宜县县属新闻媒体融合发展改革工作方案》。将报纸、手机报以及微信、微博平台账号从县委宣传部剥离出来，将县广播电视台、网络传输中心从县文广局分离出来，将县政府网新闻频道从县政府办分离出来，整合为一，成立县融媒体

◎ 分宜县融媒体大厦

中心，升格为县委直属正科级全额拨款事业单位，归口县委宣传部管理。配强融媒体中心领导班子为“两正三副”，主任、总编各 1 名，副主任 1 名，副总编 2 名，同时新增 6 个全额拨款事业编，编制数达到 40 个。中心下设“两室三部”，即总编室、办公室和新闻采访部、编辑制作部、技术部，为便于对口联系，对外仍保留“分宜广播电视台”“分宜报社”“分宜县网络传输中心”3 块牌子。

二、平台融合立本，新闻生产提质

依托江西省级智慧云技术平台建设“中央厨房”，用较小的投入建成一个集移动采编、内容管理、终端分发、传播效果分析等多功能系统于一体的智能指挥调度工作平台。依托“中央厨房”和职能部室，常态化运行融媒体指挥调度中心，建立总编协调、值班调度、部门沟通、采前策划等制度，形成采编发联动机制，再造新闻生产流程，实现一体策划、一次采集、多种生成、多元传播。落实编辑、责编、总编“三审制”，把好主题关、内容关、技术关。坚持每周召开一次新闻阅评和业务研讨会，每月开展一次全员专题培训，加速人员转型融合，努力做到一专多能。年均开办新闻、专题栏目 40 个以上，每周播发稿件约 700 篇（条），原创优质稿件增加 3 倍以上，作品《搞一次卫生何需 9 份“痕迹”》荣获第 29 届中国新闻奖二等奖。

三、保障延伸到位，综合服务增效

加强人财物保障，县财政逐年增加预算，保障中心在基本运行、宣传报道、公共服务等方面所需经费。制定出台全媒体考核评价和薪酬分配制度，打破身份限制，创新绩效考核，实现“以岗定薪”向“以效定薪”转变，用一把尺子量人才、评业绩。实行重要岗位竞岗、一般岗位轮岗、业绩考核待岗“三岗变动”，引进专业硕士研究生，培养“两微一端”人才。增强造血功能，将县广电中心大楼整体划归县融媒体中心，成立文化传媒公司并受权经营管理影剧院、广场 LED 大屏等国有资产。按照综合信息服务平台的定位，构建“乡村宣传员 + 网评员 + 信息员”融合宣传大格局，拓展增加便民缴费、文化旅游、交通出行、教育培训、健康养生等服务内容，助力脱贫攻坚和疫情防控，打通服务基层群众“最后一公里”。创新县融媒体中心、新时代文明实践中心、志愿服务中心“三中心融合”服务群众平台，在融媒体客户端开发运行模块，形成群众点单、中心派单、志愿者接单、群众评单的工作闭环。对接“赣服通”，实现民生事务在线办理，建设“指尖上的政务服务中心”。改版升级《问政》等栏目，随时收集百姓生活问题反映，建立职能部门认领处置、督导问责工作机制，架设了百姓和政府的“连心桥”。

XINSHIDAI WENHUA GAIGE FAZHAN ANLI XUANBIAN

第五篇

提升公共文化服务水平

国家图书馆创新服务方式促进全民阅读

国家图书馆主动适应现代技术发展和社会环境变化，以数字化建设和智能化服务为重点，发挥资源优势，创新服务方式，提升服务效能，积极承担服务全民阅读、建设书香社会的责任与使命。

一、加强数字化建设，拓展阅读服务空间

坚持线上线下相结合，打造全媒体阅读服务矩阵，推动各类特色阅读服务品牌影响力持续扩大。“文津图书奖”自 2004 年启动以来已连续举办 17 届，累计评选社科类、科普类和少儿类获奖图书 192 种、推荐图书 748 种。官方网站年访问量超过 11 亿次，手机门户年访问量近 9 亿次。推出“掌上国图”“国家数字图书馆”等移动客户端，开通官方新媒体账号，与新媒体平台合作开展主题阅读活动。上线公共开放课程平台“国图公开课”，围绕经典阅读、历史文化、非物质文化遗产保护等专题录制、发

国家图书馆中文图书区的读者日常，认真读书每一天

布优质课程资源，平台年点击量 1.34 亿人次。策划开展“春雨工程·网络书香”数字阅读推广活动，为 1700 余家图书馆关联“网络书香·阅见美好”小程序，支持边疆及欠发达地区图书馆提供免登录、无门槛的优质数字阅读服务。

二、创新智慧化服务，带动行业转型升级

在馆内部署扫码入馆、人脸识别、自助借还等服务项目，与中国图书进出口公司、华为集团等合作，建设 5G 新阅读体验中心，打造“数字魔墙”“全景展厅”“阅读树”等智能服务场景，提供虚拟现实和增强现实阅读、智能机器人、5G 应用等互动体验。策划实施“全国智慧图书馆体系”建设项目，在中央财政支

持下，先期启动全网知识内容集中仓储、中国战“疫”记忆库、影音视听资源知识服务平台、智能问答系统等基础性和试验性项目建设，为全国图书馆智慧化转型提供统一的软硬件支撑、管理运营保障和创新应用示范。支持各地图书馆立足自身资源优势和地方文化特色，不断丰富智慧图书馆资源内容。与全国 16 家省级图书馆合作，试点部署 5G 安全交互网络，联合推进智慧图书馆知识资源支撑平台建设。

三、构建多元化体系，服务书香社会建设

联合全国各级各类图书馆开展主题阅读推广活动，夯实图书馆行业在全民阅读中的主阵地作用。2019 年，与中国图书馆学会

国家图书馆举办世界读书日特别活动，向读者发出“书籍　春风　还有你——给读者的一封邀请信”

联合3039家图书馆，共同发布“服务全民阅读　共创美好生活”活动倡议，在全国同步开展同城共读、扫码看书、中华传统典籍阅读竞答等系列活动，吸引数千万读者参与。2020年，推出“文献借阅创新”项目，依托各地图书馆总分馆体系，将国家图书馆的外借文献投入地方图书借阅流通网络，截至2021年年底，已累计向全国12个省市提供文献120余万册，使国家图书馆优质阅读资源为更多社会公众共享利用。广泛动员社会各方力量，共同构建全民阅读和终身学习的服务网络。积极构建“阅读+旅游”等服务模式，与北京公园管理中心合作建设“友贤山馆”“颐和园书院·霁清轩”。与互联网内容平台合作，建设国家图书馆互联网信息战略保存基地，推动将优质网络文学作品等纳入馆藏，不断丰富公共阅读资源。

上海坚持以人民为中心
加快构建现代公共文化服务体系

近年来，上海市深入践行“人民城市人民建、人民城市为人民”的理念，始终坚持以人民群众文化获得感幸福感为出发点和落脚点，大力推进公共文化服务高质量发展，加快构建与社会主义现代化国际大都市相匹配的现代公共文化服务体系。

一、织密网络，让人人都能拥有归属认同

着眼提升15分钟社区生活圈品质，在已建成“市、区、街镇、居村”四级公共文化基础设施网络的基础上，启动实施“基层公共文化设施更新与提升工程”，鼓励街道乡镇建设“邻里汇”“邻里中心”“街区中心”等社区综合服务设施，编实织密“家门口的文化客厅”网络，支持原有设施数字化升级，加快更新服务环境，推动空间功能持续完善。在商圈楼宇、交通枢纽、公园绿地、滨江水岸等城市公共空间，植入阅读、展览、演艺、休闲等元素，推出“城市书房”“演艺新空间”“生活秀带”“人

文水岸”“艺术商圈”“地铁音乐角”“家门口好去处”等公共文化客厅约3440个、85万平方米，让市民在日常通勤、休闲漫步中感受人文情怀和城市温度。

二、做强平台，让人人都有人生出彩机会

按照低门槛参与、开放式比赛、高水平展示的原则，自2013年以来，持续办好上海市民文化节，为广大市民提供艺术创作、交流、展示舞台。“十三五”期间，市民文化节累计开展活动近20万项，服务市民超过1.5亿人次。催生出“百支优秀市民合唱团”“百支优秀市民舞蹈团”“百名市民作家”等近80个“市民百强”成果，形成“百个社区大展示、万支团队大竞技、社会各界齐参与、千万市民共享受”的城市文化生活常态。不断完善机制、丰富内容，扩大参与人群，提升品牌效应，办好群文新人新作展，搭建群文艺术创作的大平台。

三、健全机制，让人人都能有序参与共享

完善公共文化采购配送机制，每年市区两级配送文化活动约3万场，文艺指导6万课时，电影和农村数字电影放映4万场，以及各类信息服务、在线配送服务等，全年配送总受益人次超2000万。每年举办上海市及长三角地区公共文化和旅游产品采购大会，有效推动供需双方精准对接。深化社会化专业化运营管理，每两年向社会发布《上海市社区文化活动中心运营管理合格

◎ 黄浦区公共文化资源配送现场

供应主体推荐目录》，共发布 3 轮 300 家。鼓励文化类社会组织参与公共文化服务创新、群文创作、中华优秀传统文化传承等。目前，全市共有 2.3 万余支各级各类群众文化团队和约 5200 支文化志愿者团队。

四、优化服务，让人人都能切实感受温度

针对“上班族”文化艺术普及需求，发挥市、区两级文化馆服务功能，发动条件成熟的社区、园区、商圈，创新推出“上海市民艺术夜校”文化艺术辅导服务，构建总分校体系，已开办 20 个分校和 30 个教学点，推出体育健身、艺术展演、舞蹈培训、非遗体验等 150 余门培训课程，开通线上“学才艺”公益课

程，实现线上线下联动办学。推动文化设施错时延时开放，推出错时延时服务清单，包括基本公共文化服务、夜间文化艺术辅导服务、场馆免费预约使用服务等。全市街镇社区文化活动中心平均每周开放时长达 70 小时。

五、加快转型，让人人都能享有品质生活

启动“公共服务数字赋能专项行动”，加强线上数字场馆和数字文化资源建设，推出一批数字阅读、云上服务、智慧治理等便捷友好的应用场景。文化上海云平台累计用户约 700 万，累计场馆 4600 个，累计活动 50 万项，月均浏览量 600 万人次。坚持以文塑旅、以旅彰文，支持各类主体开展城市微旅行、草坪音乐会、古镇艺术节、街头艺术节等文旅融合项目，深入推进“建筑可阅读”项目，丰富在历史风貌保护区、优秀历史建筑、演艺新空间等场所的文化体验。推动长三角区域公共文化服务协同发展，建立合作机制，联动开展一系列公共文化活动，推动长三角区域优质文化资源共建共享。

浙江积极推动公共文化服务高质量发展

近年来，浙江省聚焦打造新时代文化高地，加大优质公共文化内容供给，提升公共文化服务效能，推动公共文化服务步入高质量发展轨道。

一、建设高标准空间，让公共文化服务“亮”起来

制定《浙江省县（区、市）公共文化服务现代化标准（2021—2025年）》，明确服务设施、数字服务、服务供给、服务人员、服务创新等5大类44项标准。实施百亿文化设施建设工程，重点打造国家版本馆杭州分馆、之江文化中心、浙江社科中心等一批新时代文化地标。按照“市有五馆一院一厅、县有四馆一院、区有三馆、乡镇（街道）有综合文化站、村有文化礼堂、社区有文化家园”标准完善公共文化设施建设。全省建成公共图书馆103家、文化馆101家、城市书房604家，实现乡镇（街道）综合文化站和村（社区）文化活动中心全覆盖，基本建成乡村30分钟和城市15分钟文化圈。

二、引领高品质生活，让公共文化服务“暖”起来

深入实施百城万村文化惠民工程，每年送戏下乡 5500 余场，送书下乡 150 余万册，送讲座展览下乡 5832 场，开展文化走亲 800 余次。各地组织开展建党百年系列活动 3 万余场次，线上线下参与人次达 1.2 亿。开展公共图书馆文化馆服务大提升活动，研究制定“满意图书馆”“幸福文化馆”服务标准，首批认定 70 家“满意图书馆”。打造具有浙江标识的公共文化名片，擦亮“一人一艺”“乡村村晚”等文化品牌。实施浙江文化标识建设工程，调查入库文化元素 14080 余项，形成区域重点文化元素清单 77 份。

三、实施高效能治理，让公共文化服务“活”起来

修订《浙江省公共图书馆条例》《浙江省文化馆管理办法》，提升依法治理水平和治理效能。实施艺术振兴乡村计划，推动文化建设融入乡村治理，探索建设区域公共文化服务联合体。深化数字化改革，上线“浙江智慧文化云”应用，涵盖全省 28300 余个图书馆、文化馆、博物馆，构建治理一屏掌控、服务一网畅达、监管一览无余的数字化协同管理模式。完善菜单式服务，实现公共文化资源网上共享、活动网上配送、服务网上采购，提供覆盖演出、讲座、培训、展览、辅导等 5 大门类共 7 万余场次的文化活动。全省 102 家公共图书馆完成与社保系统互通，实现社

“智慧文化云”驾驶舱 · 15 分钟品质文化生活圈

保卡“一卡通”。支持社会力量参与公共文化服务，推广政府与社会资本合作、“文化超市”“文化管家”等模式。

四、提供高水平保障，让公共文化服务“强”起来

创新投入方式，通过政府购买、项目补助、定向资助、贷款贴息等措施，支持符合条件的文化企业和社会组织提供公共文化服务。健全完善文化下派员制度，开展乡镇文化员定向培养工作，累计招生 228 人。持续开展基层文化从业人员培训工作，每年开展各类培训活动 4000 余班次，培训超过 12 万人次。制定《浙江省文化和旅游志愿服务章程》，成立浙江省文化和志愿总队及 122 支支队，志愿服务年均惠及 200 万人次。加强基层文艺团队建设，培育基层文艺团队 2 万余支，充分利用文化馆、文化广场、农村文化礼堂等场所，广泛开展形式多样、丰富多彩的群众性文化活动。

山东聚焦聚力推进新时代文明实践中心建设

山东省深入贯彻落实中央关于新时代文明实践中心建设的决策部署，坚持把握总要求与发挥能动性相结合，持续推动新时代文明实践工作走深走实，基本实现全省新时代文明实践中心、所、站全覆盖，着力打造传播新思想、引领新风尚的百姓之家、精神家园和红色殿堂。

一、聚焦统筹推进，创新工作机制

将新时代文明实践工作连续 4 年列入省委常委会工作要点，纳入全省“十四五”规划，列为省乡村振兴战略规划重点工程。16 个市全部成立由党委相关负责同志任组长的领导小组。县、镇、村各级书记负总责，建立“一把手抓，抓一把手”的工作机制。将新时代文明实践中心建设纳入党的建设和经济社会发展综合考核、县（市、区）党政领导班子和领导干部年度述职和实绩考核、乡村振兴战略实施情况考核、意识形态工作责任制落实情况监督检查以及群众性精神文明创建标准。印发《关于深化拓展新时代文明实践中心建设的实施方案》，建立完善挂点联系帮包工作制度，组织文明单位、文明校园与文明实践中心、所、站结对共建。省市县三级均设立实践中心建设专项经费并列入本级财政预算。设计全省文明实践统一标识，编印文明实践中心建设《操作手册》《优秀案例集》等20余本工作材料。

二、聚焦资源整合，创新平台网络

一是四级网络全覆盖。推行“中心、所、站（基地）、点”阵地建设模式，建成文明实践基地5000余个、文明实践家庭站1万余个。推动文明实践融入社会治理综合网格，实现党建、文明实践、综治等网格“多网合一”“一网通办”。二是优势资源齐发力。建立健全联席会议制度，调动全省各级各部门力量，促进资源激活、整合、下沉，推动资源共享、阵地共建、活动共联、队伍共育。成立新时代文明实践研究院，设立专项社科课题。三是线上线下深融合。建强“线上”阵地，推动文明实践智慧云平台、手机屏、电脑屏、数字电视屏、展示屏等“一云四屏”互联互通。全面推行“媒体+政务+服务”模式，将文明实践中心与融媒体中心同步规划部署、一体推进建设，打造指尖上的新时代文明实践中心。

三、聚焦基层治理，创新志愿服务

一是完善志愿服务运行机制。建立健全“输血+造血”“点

济南市章丘区新时代文明实践宣讲志愿服务走进乐家村

单+配送”“甄选+培训”“激励+考核”的志愿服务运行机制。建强省市县三级文明实践志愿服务总队，组织城区志愿力量下沉农村，全省注册志愿者达到1709万人，志愿服务队11万支，组织实施志愿服务项目35万个。制定出台《山东省志愿服务条例》，探索推行“志愿+信用”“文明银行”等激励措施。二是打造志愿服务品牌项目。围绕为老服务、为小服务、为困难群众服务、为需要心理疏导和情感慰藉人群服务、为社会公共需要服务等五个重点，组织开展“情暖夕阳红”“阳光成长”等活动，常态推动爱老助老，关爱引导少年儿童。组织开展“我为群众办实事”文明实践志愿服务近40万次，受益群众达1500万余人。三是助力经济社会发展。围绕党史学习、脱贫攻坚、乡村振兴、抗击疫情等重点工作，开展专项行动。组织“永远跟党走”新时代宣讲志愿服务队伍 3 万支，开展宣讲活动 18 万场次。全省 8.3 万个志愿服务组织、212 万名志愿者参与抗疫。

四、聚焦铸魂育人，创新实践品牌

一是理论传播接地气、有温度、聚人气。把学习宣传习近平新时代中国特色社会主义思想作为第一要务，打造“习语润心”“明理胡同”“庄户学院”等一批理论宣讲品牌。发挥山东优秀传统文化优势，深入开展“我们的节日”系列活动，以中华优秀传统文化滋养新时代文明实践。二是实践活动解民忧、暖人心、倡新风。“小巷管家”“陪你到老”“暖心食堂”等活动推动解决群众烦心事忧心事。推广“新时代结婚礼堂”“文明迎亲队”等做法，促进移风易俗。深入实施“厉行节约 反对浪费”等专项行动。三是典型培育抓示范、强引领、促提升。在全省实施新时代文明实践“十百千”典型培育推广行动，确定首批新时代文明实践示范中心、所、站 1100 余个。加大对典型的宣传报道，举办文明实践采风、微视频摄影大赛、好新闻评选，不断提升文明实践活动影响力。

广东深圳创新推出文化惠民服务平台

近年来，广东省深圳市创新推出公众号“深圳艺文惠”，联通市民、文化企业、政府部门，不断丰富内容，持续迭代更新，精准提供服务，着力打造集展示、服务、交流、评估等多功能于一体的文化惠民服务平台。

一、精准文化导航，促进供需对接

完善信息收集发布机制，平台上线“城市文化菜单周周发”，建立全市宣传文化系统各单位及相关文化企业联络人制度，采取“周发预告”的形式，在平台上传、汇集各级各类优质文化活动，通过“深圳艺文惠”“深圳发布”“深圳文体通”和各区文体通等平台向市民广泛发布。“周周发”每期精选有品位、有特色、有影响力的文化活动，涵盖艺术、设计、舞蹈、魔术等多个类别，汇聚深圳读书月、深圳设计周暨环球设计大奖、深圳舞蹈月、国际魔术节等系列品牌文化活动，为市民提供丰富优质的“文化菜单”。完善评价反馈机制，策划推出“参与有礼、趣味答题、年度评选”等系列线上互动活动，与深圳电台音乐频率合作开设推荐节目“@艺文惠”，与网络平台合作开设“周周发”专栏等，多渠道调查了解市民文化需求，精准匹配供给内容和供给方式，推动公共文化服务立体饱满、更接地气，提高市民的满意度与获得感。

二、整合各方资源，提振文化消费

通过多种方式吸引带动企事业单位、社会力量积极参与和支持公共文化服务。深圳音乐厅、深圳保利剧院、光明文化艺术中心、南山文体中心、坪山大剧院等 16 家剧院，深圳市当代艺术和城市规划馆等 7 家展馆，以及书店、影院等各级各类文化商业机构纷纷加入“深圳艺文惠”，以惠民低票价推介文化活动。“周

◎“深圳艺文惠”开展“惠观影”“惠看展”“惠读书”“惠赏演”等文化惠民补贴系列活动

发预告”的推广形式受到市民广泛关注和参与，形成了规模效应，众多文化企业主动寻求与“深圳艺文惠”合作，置换资源发布资讯。为有效应对疫情对文化消费的影响，“深圳艺文惠”功能扩容，推出“惠观影”“惠看展”“惠读书”“惠赏演”等系列板块，按照“基金出一点、机构补一点、企业让一点、市民多得点”的思路，与企业、社会资源联动，发放“文惠券”，开展文化惠民系列活动。2020 年度累计发放 76 万张文惠券，投入资金近 1000 万元，引导和促进了文化消费，同时倒逼文化企事业单位提升产品质量和服务水平。

三、借力数字工具，扩大功能影响

2021 年联合建设银行深圳市分行推出“汇文化·惠深活”数字人民币文化惠购活动，探索数字人民币在公共文化服务领域的应用场景。发放 5 轮红包，设置 66 元、88 元、168 元、520 元等面额，消费时直接抵扣使用，不设门槛支持市民购书、观影、赏演、看展、游览五大文化消费场景。参与商户包括近 200 家书店、278 家影城、16 家剧院、7 家展馆和 12 个旅游景点。市民参与文化惠购活动共 57.39 万人次，中奖 17.27 万人次，实际享受补贴约 900 万元，红包使用率达 98.5%，有效促进市民享受文化服务，实现社会效益和经济效益“双丰收”。

安徽合肥以“阅读小空间”构筑“书香大未来”

近年来，安徽省合肥市坚持创新、融合、共享，不断推进公共阅读空间转型升级，从24小时书店、自助图书馆到共享书店，再到城市阅读空间，探索出了建设“书香合肥”的特色路径。

一、以转型促升级，让阅读更有“温度”

着力改变传统服务模式，丰富阅读空间种类，优化阅读环境体验，让阅读空间更有亲和力。一是升级图书馆供给模式。创新服务手段，延伸服务阵地，开展形式多样的流动延伸服务。2016年建成首批4个24小时自助图书馆，市民可以全天候自助办理图书的借阅、归还。市图书馆推出“快递到家”服务，直接将借阅书籍邮寄到家。二是升级书店经营方式。简化实体书店审批程序，降低准入门槛，争取中央和省、市财政资金1000多万元，扶持实体书店转型发展。着力提升现场阅读体验，新建或升级改造的20多家转型书店均开辟阅读专区。注重融入“老城元素”“岁月记忆”，一批转型书店成为当地的文化新地标、休闲新去处甚至是旅游新景点。三是升级空间服务形式。突出阅读空间的公共属性，倡导空间面向所有人开放，不设门槛，努力将空间打造成促进社会包容与社会和谐的重要载体。

二、以创新促共享，让阅读更有“广度”

在公共阅读空间建设上紧贴读者个性化、特色化需求，不断创新求变，让空间更有辐射力。一是服务对象广泛化。把“共享”的理念引入公共阅读空间建设，创新打造共享书店，只需使用“智慧书房”APP，在线支付99元的押金，即可享受单次扫码借阅总价低于150元的两本图书服务，降低了阅读成本。仅第

合肥市新华书店三孝口店

一天就迎来 2 万人次的客流量，刷新了该店最高纪录，4000 本图书被借阅。二是空间内容精细化。市图书馆创新办馆模式，把原来废弃的长廊改造成“悦·书房”，并将其分为 3 个部分，“阅空间”主要提供人文社科类读物阅读、小型聚会场所服务；“趣空间”主要以“童话世界”风格提供儿童图书服务；“创空间”旨在为青年提供读书、创业服务，以更加细化的区域分类精准对接不同群体需求。三是资源利用最大化。打破地域限制，组建合肥公共图书馆联盟，成员包括市图书馆、5 个县（市）图书馆及所有 24 小时城市街区自助图书馆，联盟内统一业务平台，共享数字资源。同时，探索吸引本土民营书店成为市图书馆分馆并加入公共图书馆联盟。

三、以多元促融合，让阅读更有“厚度”

在总结前期公共阅读空间建设经验基础上，进一步创新体制机制，出台城市阅读空间建设实施方案，不断扩大优质供给和有效服务。一是馆店一体。城市阅读空间一般实行“图书馆＋书店”的联合模式，市图书馆负责统一配送、定期更换图书，提供图书借阅、资料查询、教育培训、展览展示等基本公共服务；市新华书店与政府签订合作协议，受委托统一运营非基本公共服务。通过实行馆店一体，打造购书、借书、看书“三位一体”的新型城市文化综合体。二是功能多元。城市阅读空间的功能分类按照“4+X”设置，“4”是指阅读、活动、展示、休闲等 4 个基本功能，“X”为双创空间、市民小剧场等特色服务功能。同时，配置自助办证机、自助图书借还机、图书销售设备和数字资源阅览屏等。三是两效统一。将阅读空间的公益性放在第一位，为广大市民提供享受读书乐趣的场所；同时，将空间打造成为综合文化体，集聚发展文化产业，培育和扩大文化消费群体，实现社会效益和经济效益相统一。

河北邢台打造线上“百姓议事厅”探索文明实践新路径

近年来，河北省邢台市积极探索文明实践新路径，通过打造“百姓议事厅”平台，建成 24 小时在线、全市域覆盖的线上服务矩阵，与线下常态化文明实践活动相互配合、良性互动，有效打通了宣传、引导、服务群众的“最后一公里”。

一、坚持四级联动，构建全域化服务体系

贯通市、县（市、区）、乡镇（街道）、村（社区）四级，搭建 8500 余个“百姓议事厅”工作群，在村（社区）招募 9800 余名热心公益、责任心强、有较高威望的“文明实践联络员”，“零距离”帮助群众反映诉求。各县（市、区）配套设立“部门集中办”工作群，各职能部门认领解决群众反映的问题，及时公开反馈进展和结果，接受群众监督。建立文明实践联络员台账和群众反映问题台账，对每个问题建档立卡、实施动态管理，对办理速度快、力度大、举措实、成效好的案例及时总结推广。

河北邢台守敬社区定期召开线下议事会

二、完善工作机制，持续提升服务效能

完善群众诉求“收集—转办—跟踪—反馈—督察”的闭环工作机制，组织20个县（市、区）委书记加入“百姓议事厅”和“部门集中办”工作群，原汁原味听取群众意见建议，督促推动职能部门整改落实。在县乡村三级组织人大代表、政协委员、纪检监察部门负责人等6700余名，担任专职监督员，督促推动解决问题。完善“线上线下”共商议事机制，定期召开议事会，聚焦群众关心的村庄环境整治、身边好人评选等，事前征询群众意见建议、事中接受群众监督、事后听取群众评价反馈。完善快速处置和综合施治、长效服务机制，针对“百姓议事厅”工作群中反映的不同类型问题，能即时解决的一呼即应、快速办理，需进

◎ 发挥党的政策宣传员、百姓身边的信息员、社会治理的监督员作用

一步研究的及时协调相关部门、开展实地调研、列入有关规划，确保做到群众“真提真受惠”，政府“真改真落实”。

三、巩固基层阵地，推动新时代文明实践走深走实

组织“文明实践联络员”当好党的政策宣传员，及时宣传习近平总书记“每日金句”，宣传宣讲中央决策部署和省市工作要求。在“冀云”平台开通新时代文明实践理论宣讲“随身听”，以戏曲、快板、“大喇叭”等形式制作“随身听”小视频 160 余个。在做好线上服务的同时，依托新时代文明实践中心（所、站），常态化开展线下“接地气”的文明实践活动，主任、所长、站长成为志愿服务带头人，经常性组织开展“访万家　解万难”“日行一善”“周末志愿服务一小时”等活动，不断激发广大群众参与文明实践活动的积极性主动性。

湖南株洲实施“门前三小”工程促进乡村文化振兴

近年来，湖南省株洲市着眼提升公共文化服务效能，坚持党建统领、群众自愿、因地制宜、示范带动，大力实施“门前三小”工程，通过盘活闲置资源，在老百姓家门口建设小广场、小书屋、小讲堂，把服务送到群众门口，把文明种到群众心中。

一、因地制宜，破解阵地建设“老大难”问题

一是盘活存量，不搞大拆大建。充分利用现有资源，如家族祠堂、闲置民房、旧村部、空置学校、新建住宅小区公共服务配套设施等，在明确产权归属、保证服务接续的基础上进行改建，以政府的小投入，撬动村民自筹的大投入。例如，攸县春联街道山背社区将闲置民房、炎陵县中村瑶族乡梅岗村梅岭组将钟家祠堂、茶陵县界首镇贺铺村贺家湾组结合闲置小学校舍等改建为“门前三小”，突出地方特色，实现功能整合，提高利用效率，满足群众需求。二是分类建设，不求“齐步走”。因地制宜、分步实施，有条件的建

“门前三小”文化广场

“三小”，条件暂不成熟的建“一小”“二小”，农村文化阵地遍地开花，小广场跳出大健康，小书屋读出大天地，小讲堂讲出大道理。以攸县为例，仅 3 年“门前三小”（含“一小”“二小”）发展到 676 个，小广场面积达到 21.9 万平方米，小书屋和小讲堂面积 1.72 万平方米，书籍 18.6 万册，健身器材 8260 套，各类文艺团队 2142 支。三是文旅结合，鼓励“千姿百态”。各地结合地域文化特色，将“门前三小”与村史馆、名人馆、农耕馆、非遗馆同步建设，融为一体，各具特色。有的“门前三小”建在景区景点、乡村旅游点、旅游民宿内，促进乡村文化、乡村旅游同步发展。

二、因势利导，推动管理服务持续优化

一是突出党建统领。以“门前三小”为载体，推动党的建

设与文化服务、群众工作深度融合。小书屋有最新最全的党的创新理论读本，小广场定期组织“主题党日”“三会一课”等活动，小讲堂经常宣讲习近平新时代中国特色社会主义思想，“门前三小”成为宣传学习党的创新理论、培育弘扬社会主义核心价值观的重要阵地。二是注重共建共享。家门前的文化阵地，把农村老百姓从“旁观者”转变成了“参与者”。同时，发动组织当地的老党员、老干部、老教师担任管理员，躬耕“文化田”，保证“门前三小”时时有人管、天天能开放，有效解决农村文化活动场所管理人员匮乏的现实问题。三是优化供给方式。坚持“政府主动送”和“群众自发办”相结合，政府组织送党课、送电影、送培训、送戏曲、送义诊等服务活动；群众自发组织广场舞、老党员讲故事、老教师带学生等活动，丰富了基层文化生活。

○ 村民在株洲市攸县石羊塘镇谭家垅社区高桥“门前三小”跳广场舞

三、以点带面，实现“门前三小”全域发展

一是制定示范性标准。印发《株洲市在农村地区推广“门前三小”建设的工作方案》，出台“门前三小”示范点建设标准。300 平方米的小广场、20 平方米以上的小书屋和小讲堂，成为“门前三小”示范点的基本要求。二是实施鼓励性奖补。鼓励各县市区打造一批“门前三小”示范点，以点带面整体推广。对基础条件较好、效能发挥突出的“门前三小”示范点，给予图书、音响、数字文化设备、体育健身设施等奖励，提高示范带动效果。目前，市级示范点已超 50 个。三是纳入整体性规划。“门前三小”示范点建设纳入株洲市国家公共文化服务体系示范区后续建设规划、市“十四五”文化事业规划、“乡村文化振兴”三年行动方案。推广建设“门前三小”列入全市十大民生实事，2021 年全年建成 526 个，全市累计建成 1066 个。

吉林磐石创新推进县级融媒体中心和新时代文明实践中心融合发展

吉林省磐石市自2018年被确定为全省县级融媒体中心和新时代文明实践中心建设双试点市以来，坚持把“两中心”建设作为理念创新、手段创新、基层工作创新的突破口，结合本地实际，立足现有资源，积极探索“两中心”融合发展路径，推动基层宣传文化阵地强起来、工作活起来。

一、以机构融合为先导，释放倍增效应

一是统筹使用办公场所。按照“一个阵地、两个中心”的布局，将新时代文明实践中心迁入融媒体中心办公楼一楼，新建新时代文明实践中心服务大厅，设置便民服务区、综合活动区、办公区、爱心物流中心等多个功能区，把磐石市志愿服务联合会一并迁入，新建志愿服务组织孵化基地。二是打通使用工作人员。融媒体中心派驻人员到新时代文明实践中心服务大厅工作，通过外引内培、导师带徒等方式帮助派驻人员尽快熟悉工作、发挥优

将融媒体中心工作人员派驻到新时代文明实践中心开展日常工作

势，实现“两中心”重要议题一起策划、重要活动一同组织、重点工作一体推进。三是完善工作制度。制定出台管理运行、激励保障等一系列制度规定，确保“两中心”的有效运行和规范管理，将融媒体宣传报道情况纳入新时代文明实践中心考核机制。

二、以平台融合为支撑，提升服务效能

将新时代文明实践中心志愿服务管理平台植入融媒体中心后台，开发“掌心磐石”移动客户端，依托两块“屏”建立统一高效的工作平台。一个是融媒体指挥调度中心“大屏”。将大屏的16块小屏进行分区，其中12块用于融媒体中心工作，4块用于新时代文明实践中心工作，实现“两中心”指挥调度、数据分析

和后台管理功能一体化。比如，2021 年建设新时代文明实践活动载体项目“村村通广播响亮工程”，通过融媒体指挥调度中心总控，市镇村三级直播、三级控播的传播模式，实现全市 963 个自然屯信息传播网络及时、多频、高效的全覆盖。另一个是移动端“小屏”。新时代文明实践中心在“掌心磐石”移动客户端设置“文明实践”栏目，下设“动态信息”“随手拍”“爱心直通车”3 个子栏目，构建网上文明实践生态圈，实现各类信息云上看、各类服务云上点、各类诉求云上办，打通宣传群众、服务群众的“最后一公里”。

三、以活动融合为载体，促进共同发展

根据后台数据，“两中心”共同设计开展群众关注度高、参与度高的文明实践活动，提供本土化、精准化、特色化服务。活动前，在融媒体中心各平台发布预告；活动中，进行现场直播，并引导群众下载“掌心磐石”移动客户端；活动后，进行宣传报道，并组织志愿者深入社区村屯推广融媒产品，增加用户黏性。“两中心”联合开展“党群联建扶贫田——桑蚕养殖技术推广”直播活动，紧盯群众需求，通过现场采访和实景展示，使群众足不出户学习到最新的农技知识；开展“国庆节文艺专场”直播活动，将百姓的业余文化生活搬上屏幕，通过发挥“两中心”各自潜能优势，实现相互促进、共同发展。

第六篇

XINSHIDAI WENHUA GAIGE FAZHAN ANLI XUANBIAN

传承弘扬 中华优秀传统文化

中国出版集团以数字化推动古籍出版创新发展

近年来，中国出版集团立足资源优势，加大古籍数字化探索实践，推动所属中华书局成立古联（北京）数字传媒科技有限公司，精耕古籍整理研究和编辑出版，促进高新技术与古籍内容有机结合，让古籍里的文字“活起来”，推动中华优秀传统文化传承弘扬。

一、重组内部资源，实行古籍项目公司化运作

2015 年，中华书局将原古籍资源部改组为古联（北京）数字传媒科技有限公司，实行公司化运作。古联公司建设运营的“籍合网”，拥有国内机构用户 100 余家，海外用户 40 余家，个人注册用户 20 余万人，成为全国最大的古籍整理出版平台。公司业务从单一的数据库生产销售模式，转变为面向专业领域，开展古籍整理、数据库建设、人才培养、技术服务、科研服务的立体化业务模式，年营业收入从 100 多万元增长到 4000 多万元。2022

年，中国出版集团推动中华书局与中版文化传播有限公司重组整合，进一步增强了在传统文化大众服务领域的资源积累和市场影响。

二、强化基础支撑，推进古籍资源数字化建设

古联公司建立了全国最大的整理本古籍资源数据库，包含整理本古籍资源30亿字，专业古籍整理出版资源20亿字，石刻资源5万余篇，历代登科人物10万余条，木版年画1.8万余幅，书法作品1万余种，甲骨文卜辞14余万条。其中，《中华经典古籍库》作为上线的第一款古籍数据库产品，目前已发布9期，共20亿字，上线整理本古籍5000余种，共有镜像版、在线版、学习强国版等版本，是国内使用最广泛的古籍数据库。积极开拓专题数据库，如涉及文字音韵训诂的“小学文献数据库”，古代石刻系列“宋代墓志铭数据库”“甲骨文数据库”等；建设“中华书局宋体字库”，收录超过13万字符，为解决古籍生僻字的在线检索和显示问题提供了基础技术支撑。

三、立足自身优势，推动古籍整理多元化合作

古联公司以中华书局的本版资源为核心资产，立足古籍整理出版优势，建立高效灵活的合作机制，加速古籍数据资源生产聚集。例如，与其他出版社开展版权合作；与作者合作策划专题数据库产品；与读者合作，通过古籍整理平台建成众包任务流程

和古籍整理在线编辑器，利用庞大的读者群加速古籍整理成果落地。目前，“籍合网”已与 23 个出版社和 13 位作者合作发布数据库 31 个。古联公司第一个众包项目《中华大藏经·续编》，总计 2 亿字，一般需要几十个编辑花数年时间才能完成，而通过 4992 人参与众包，大幅缩短了编辑时间，提高了工作效率。

四、坚持科技赋能，引领古籍出版智能化发展

古联公司坚持以技术创新驱动发展，致力于通过人工智能和深度学习技术实现古籍文献自动化整理。目前已研发完成并投入使用的古籍整理技术工具包括：面向古籍整理出版的自动排版平

“古籍数字化整理”平台利用人工智能技术实现古籍从整理到编辑的在线一体化流程

台、引文核对系统、文达编校 Word 插件；应用于古籍数字化生产的在线 XML 编辑器、元数据著录编辑器；基于深度学习的古籍图像识别、古籍文本自动标点技术、专业繁简转换技术、专名自动标引技术。OCR 系统在不进行人为干预和校对的情况下，识别率达到 95% 以上，自动标点准确率接近 94%，为古籍图像数据库的检索提供了可能。制定的《数据加工流程总规范》《编辑器数据整理工作规范》等 26 项标准，成为多家出版社古籍数字化出版应用标准，为国家古籍数字化工程统筹规划与资源整合提供了有力支持。

五、搭建研学平台，加强古籍人才专业化建设

着眼解决古籍领域专业人才匮乏难题，建立古籍整理研学一体的培训平台“籍合学院”，计划 2022 年年底上线 200 多课时专业课程。加强校企合作和成果转化，与清华大学、中国人民大学等建立实习实训基地，开授古籍数字化课程，培养古籍数字化行业人才；与北京师范大学、陕西师范大学等高校合作建立古籍数字化实验室，开展项目和科研合作，为研究课题提供定制化的数据和分析，推动古籍科研成果落地出版。

敦煌研究院加强文物保护和科技创新

近年来，敦煌研究院牢记习近平总书记关于“运用先进科学技术提高保护水平，将这一世界文化遗产代代相传”的殷殷嘱托，坚持改革创新，强化科技赋能，加强文物保护利用和文化遗产保护传承，取得显著成效。名誉院长樊锦诗被授予“文物保护杰出贡献者”国家荣誉称号，敦煌研究院文物保护利用群体被中宣部授予“时代楷模”称号。

一、以重大项目为抓手，提升文物保护技术水平

在文物本体保护方面，组建甘肃省敦煌文物保护研究中心，开展重点技术研发攻关，承担墓葬壁画原位保护关键技术研究、多场耦合下土遗址劣化过程及保护技术研究、平顶窟顶板岩岩体加固技术研发等国家重点研发计划项目，承担砂岩石窟寺防风化技术研发与应用示范、文物健康评估方法体系构建、敦煌莫高窟古代壁画烟熏病害的分析研究等重大研究，共承担国家级科研项

目24项、省部级科研项目10项，不断提升文物保护基础研究和应用研究水平。在文物预防性保护方面，建成我国首个文物保护多场耦合实验室，可全面揭示文物病害发生、发展过程，为预防性保护提供科学依据。开展系列预防性保护基础研究和关键技术研发，包括极干旱地区地气活动特征和形成机理研究、不可移动文物本体劣化风险监测分析技术和装备研发、石窟遗址环境污染气体的被动式监测研究等项目，完成莫高窟、炳灵寺、麦积山监测预警体系建设。持续推进“平安石窟”建设，探索实施应用大数据、云平台理念提升安全防范水平，开展不可移动文物防盗、防破坏关键技术及装备研究，推进莫高窟安防升级改造工程。

二、以数字技术为支撑，加强文物资源集成和研究

开展丝路文物数字复原关键技术研发、数字敦煌数字资产管理平台构建、数字文化遗产安全保护与利用关键技术集成应用示范等重大技术研发，编制石窟寺壁画数字化勘察测绘技术规程。持续推进“数字敦煌”建设，完成42个洞窟的壁画数字化采集，10个洞窟的虚拟漫游制作，升级“数字敦煌”资源管理平台，探索建设敦煌石窟分类专题素材库，为数字资源持续利用奠定基础。应用三维激光扫描测绘技术、文物数字化、计算机绘图等，开展石窟考古工作，初步完成《敦煌石窟全集》第二卷编撰。开展“流失海外敦煌文物数字化复原工程”，建设“敦煌藏经洞出土文献目录数据库和文献研究目录数据库”，完善“敦煌学信息资源库”（二期）建设，开通“敦煌学信息文献服务”智能检索平台。

◎ 敦煌莫高窟数字展示中心

三、以数字展示为载体，促进中华优秀传统文化传承弘扬

通过数字技术、虚实融合技术等，推动文化遗产展览展示方式转变。举办“敦煌不再遥远”系列数字化展览，推动敦煌石窟文化走出大漠，走进北京、河北、江苏以及摩洛哥、以色列等地。疫情暴发以来，推出“细品敦煌艺术，静待春暖花开”“丝路明珠——敦煌石窟文化艺术展”等线上展览，在文化遗产“云展览”方面发挥了示范带动作用。举办“奇妙漫游云逛展”“宅家游丝路”等直播活动，开启“云游”文化遗产、“云知”敦煌文化的新模式。

四、以集成应用为依托，推动文化和旅游融合发展

持续推进“总量控制、网上预约、数字展示、实地看窟”的

旅游开放模式。升级莫高窟参观预约网系统，实现莫高窟门票电子化、无纸化；通过上线小程序，实现预约购票、智慧景区导览、传统文化课程体验等功能运用；优化物联网监测系统，实现洞窟预警监测、窟区人流变化趋势、讲解员接待分析数据、游客预订数量等实时呈现、智慧分析。研发“莫高窟实景实时融合游览系统”，将敦煌学研究的成果、敦煌研究院数字敦煌高精度壁画图像和洞窟三维模型制作成虚拟数字内容，与真实的莫高窟实景实时融合对外展示。2019—2020 年总计接待游客 510.7 万人次。

山西推进云冈石窟保护与云冈学建设

近年来，山西省高标准高起点推进云冈石窟保护和云冈学建设，出台《关于贯彻落实习近平总书记视察云冈石窟重要指示加强云冈文化遗产保护和创建云冈学的实施意见》，组建副厅级建制的云冈研究院，探索出一条文物保护与利用良性循环的新路子。

一、坚持保护第一，高质量推进云冈石窟保护

一方面，加强文物本体保护。坚持抢救性保护与预防性保护并重，制定《云冈石窟文物保护工作“十四五”规划》，完成17个窟保养维护，开展罗汉堂周边及龙王庙洞窟危岩体抢险加固及边坡保护、罗汉堂彩塑壁画保护等项目。另一方面，加强数字化保护。组织实施第11窟、第19窟数字化保护项目，健全文物数字信息保全档案，为云冈石窟的管理、保护、研究、利用提供数据支撑。组织云冈研究院联合武汉大学完成第13窟数字化重

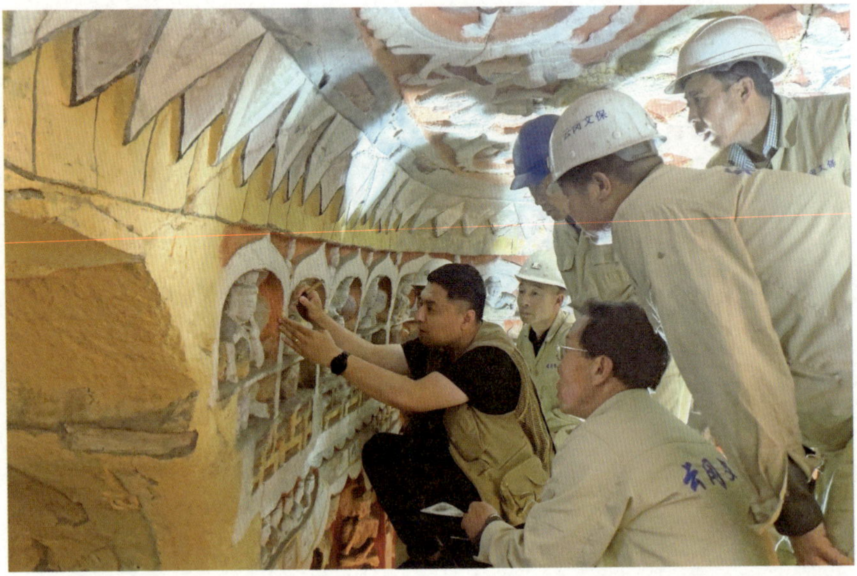

工作人员正在进行云冈石窟第 11 窟预防性保护，同时对保护流程进行标准化培训

建与三维信息系统构建项目，实现国内单体大型高浮雕石窟寺的整窟高精度三维建模的技术攻关。建设“数字云冈”计算中心，有效解决石窟三维数字资源的安全存储、高效计算和广泛应用问题。

二、加大力量整合，高标准推进云冈学建设

一是加强学科学院建设。在山西大学成立云冈学研究院，在大同大学成立云冈学学院、云冈文化生态研究院，在太原理工大学成立云冈学与文物保护研究院。聚焦民族融合、石窟寺保护研究等重大课题，联合多方研究力量，将云冈学研究引向深入。二是开展基础研究。联合北京大学实施“平城与北魏丝绸之路与民

族融合的科技考古研究”云冈学基础研究项目。开展《云冈石窟志》编修、“云冈石窟本体残损岩体修复加固关键技术研究”“晚清以来云冈石窟资料整理与研究”等13项省级课题研究项目。三是培育建设学术平台。依托云冈研究院设立石窟寺保护与传承山西省重点实验室，联合国内科研院校，围绕石窟寺研究保护利用开展基础研究和技术攻关。依托云冈研究院设立石质文物保护研究山西省文物局科研基地，开展科技基础性工作和创新性研究。四是开展学术交流。召开云冈学研讨会、云冈学建设座谈会，举办“文物保护与科技创新”院士论坛，组织“数字云冈”建设交流活动。

三、加强活化利用，高水平展示云冈文化保护成果

举办“中国与世界——习近平总书记视察云冈石窟一周年”系列展览、“圣地重新——云冈百年复兴展”、“丝路华光——敦煌、云冈、龙门石窟艺术联展”。强化科技赋能，制作云冈石窟18窟多人VR展示系统；通过3D打印技术，云冈石窟第3窟复制窟落户青岛城市传媒广场，第18窟复制窟落户北京建筑大学大兴校区，第13窟复制窟亮相福州第八届博博会。服务国家战略，2019年为“一带一路”峰会创作主题性雕塑“丝路光影”，3D打印的第20窟复制窟亮相外交部蓝厅山西全球推介会。

江苏积极推动大运河文化带和国家文化公园建设

近年来，江苏省着眼加强科学规划，突出保护传承，注重合理利用，创新政策支持，加快推进大运河文化带和国家文化公园建设，推动大运河文化创造性转化和创新性发展，做大做强大运河这一中华文化重要标志。

一、加强总体设计，高位推动实施

坚持整体谋划、科学布局、统筹部署，着力构建理念科学、务实管用的规划体系。制定出台《江苏省大运河文化保护传承利用实施规划》《大运河国家文化公园（江苏段）建设保护规划》，同步编制出台大运河文化遗产保护传承、文化价值阐释弘扬、生态环境保护修复、河道水系治理管护、现代绿色航运建设、文化旅游融合发展等 6 个省级专项规划和相关 11 个设区市实施规划，按照高品位的文化长廊、高颜值的生态长廊、高水平的旅游长廊，高质量建设大运河文化带和国家文化公园江苏段。完善领导体制和工作机制，成立由省委书记任组长、省长任第一副组长的省大运河文化带和国家文化公园建设工作领导小组，沿线各设区市组建领导小组，形成省市联动、部门协同、合力推进的工作格局。编制出台《关于促进大运河文化带建设的决定》，将大运河文化带建设作为重点改革任务和重大项目，纳入省高质量考核体系。

二、加强全面保护，提升运河风貌

坚持文化保护和生态保护一体联动，努力保持大运河历史的真实性、风貌的完整性和生存的延续性。文化遗产保护方面，上线运行省大运河世界文化遗产监测管理平台，建成大运河江苏段水文化遗产数据库，实施世界文化遗产及重点文物保护修缮和环境整治工程，修订《江苏省历史文化名城名镇保护条例》，协同推进江南水乡古镇申遗。生态环境保护方面，出台《大运河江苏段核心监控区国土空间管控暂行办法》，编制《江苏省自然生态修举试验区建设方案》，出台《关于加强生物多样性保护工作的意见》，加快推进南水北调东线工程清水廊道、江淮生态大走廊等重大项目建设。

三、加强传承弘扬，擦亮文化品牌

坚持在保护中寻根溯源，在传承中讲好故事，着力彰显大运河的千年底蕴、时代价值和当代形象。建成扬州中国大运河博物

◎ 2021 年 6 月，扬州中国大运河博物馆正式开馆

馆，完成大运河国家文化公园数字云平台（一期）建设，举办大运河文化旅游博览会。组织运河文化嘉年华、行走大运河等一批群众文化活动，开展“千问千寻大运河”“行走运河 11 城”等全媒体行动，评选江苏最美运河地标，生动讲述中国大运河故事。筹建中国大运河学会，组建大运河文化带建设研究院，实施大运河文脉整理研究工程，编纂出版《中国运河志》等。创作大型交响合唱《大运河》、百米美术长卷《中国大运河史诗图卷》等文艺精品，制作《千年运河情》《运之河》等影视作品。

四、加强资源利用，促进融合发展

坚持在保护中加强利用、在利用中促进保护，推动大运河资源优势向发展优势转变。实施苏州“运河十景”、淮安大运河百里画廊、宿迁皂河龙运城、徐州窑湾核心展示园等一批标志性工程。制定世界级运河文化遗产旅游廊道建设实施方案，认定推出江苏“运河百景”100个标志性文旅产品，培育推出漕运文化观光游等一批文旅线路，打造“千年运河·水韵江苏”文旅品牌。将运河文化融入地域文化、城镇建设之中，培育同里、邵伯、河下、皂河等一批运河名镇和苏州山塘街、常州“运河五号”等一批运河特色街区。

五、加强政策支持，创新投入方式

坚持把完善财政政策体系作为重要基础保障，推动财政资金、金融资本、社会资本等向大运河文化带建设领域集聚。编制印发“十四五”重点项目清单，共安排项目169个，总投资额约2134亿元。设立大运河文化旅游发展基金，省长担任基金管委会主任，第一、二批基金认缴规模超170亿元。发行大运河文化带建设专项债券，规模达23.34亿元。探索基金和专项债券联动模式，成立省大运河文化旅游投资管理公司，组建大运河文化旅游产业投资联盟，撬动更多社会资本参与。

福建构建文化遗产保护发展六个机制

2021年3月，习近平总书记在福建考察时强调，保护好传统街区，保护好古建筑，保护好文物，就是保存了城市的历史和文脉。福建省深入贯彻落实习近平总书记重要讲话和重要指示精神，探索创新保护文化遗产、延续城市文脉、弘扬历史文化的有效路径，取得积极成效。

一、创新法治化保障机制，让文化遗产“强”起来

强化法治思维，建立完善分层分类、科学完备、有力有效的文化遗产保护地方立法体系。省级层面颁布实施福建省《文物保护管理条例》《武夷山世界文化与自然遗产保护条例》《“福建土楼”世界文化遗产保护条例》《历史文化名城名镇名村和传统村落保护条例》《非物质文化遗产条例》《传统风貌建筑保护条例》等地方法规。有关设区市结合地方特色文化资源，加强万寿岩遗址、海丝文物、红色文化遗存、朱子文化遗存、文化生态保护区

等方面的地方立法，为推进文化遗产系统完整保护、平衡保护与利用的关系提供法治保障。

二、创新项目化推进机制，让文化遗产“亮”起来

举办第 44 届世界遗产大会，打造“六个一批”工作载体，即公布一批文物保护单位、启动一批文化和自然遗产保护重点工程、展示一批文化和自然遗产重点项目、完成一批重点保护修缮项目、预备一批世界遗产申报项目和潜力项目、表彰一批作出突出贡献的先进单位和先进个人，带动文化遗产保护常态化长效化。大力推进古建筑、老宅子、老街区保护修缮和当代复兴。

◎ 古泉州（刺桐）史迹，2021 年列入《世界遗产名录》

三、创新数字化管理机制，让文化遗产“活”起来

建设文化遗产资源信息管理系统，对收录在系统的文物保护单位状况、项目资金使用等进行精准跟踪管理。创办服务型网上博物馆，对博物馆收藏文物多媒体信息进行收集和数字化技术处理，建设智慧小苑，创新博物馆收藏文物多样化数字展示模式。实施“福建文化记忆”数字文化工程，建成“福建地方史志全文数据库”“闽南文化”等14个地方文献子库。实施“互联网+科技+非遗”工程，将南音、闽剧、梨园戏等40项非遗项目建成声音数据平台。以“数据库”抢救性记录非遗传承人，建设“见人见物见生活”的非遗保护传承体系。构建省历史文化资源保护利用信息系统，全省7960栋历史建筑已上线6383处，1037个传统村落已上线644个，形成全省保护对象“一张网”。

四、创新社会化参与机制，让文化遗产“火”起来

打造“政府主导、社会参与、成果共享”新格局，出台鼓励社会力量参与文物保护利用、文物建筑认养管理等政策，探索实施规划调整、功能置换、租赁认养等举措。开发“福建传统村落建筑海峡租养平台”，由村集体向村民收储传统建筑，修缮后向市场主体公开招租，全省已上线34个传统村落166栋传统建筑供社会认租认养。选择福州、泉州、龙岩等地开展历史建筑楼长制试点。广泛开展文物安全志愿者活动，创新“文物保险+服务”模式，鼓励社

会力量参与遗产保护。

五、创新亲近化融合机制，让文化遗产“热”起来

策划推出“文化体验之旅”“民俗风情之旅”等 10 条旅游线路，涵盖自然文化遗产、海上丝绸之路、茶叶等文化资源。延伸文旅融合产业链，突出业态创新，主动适应大众旅游发展由观光游向度假游、体验游转变，打造《印象大红袍》、沙县美食城等精品项目，举办“妈祖文化旅游节”等节庆活动。开展“清新福建”“全福游、有全福”品牌宣传。

六、创新差异化传播机制，让文化遗产“走”起来

持续深化闽台文化交流，实施 200 余项重点涉台文物保护工程项目，开展各类族谱展、涉台文物展等，扩大台胞在福建评选非遗代表性传承人数量，开展朱子文化、严复思想等优秀传统文化闽台研习交流活动，促进海峡两岸同根同源文化认同。打造海峡论坛等合作平台，举办福建文化宝岛行、闽台同名村镇续缘之旅、海峡影视季等特色活动。扩大对外文化交流，组织实施“视听福建”海外播映计划，讲好中国故事，传播中华优秀传统文化。

河南广播电视台创新打造现象级优秀传统文化系列节目

近年来，河南广播电视台围绕优质节目创作、优势资源整合、人事制度改革、媒体融合发展等方面，积极改革创新，推出《唐宫夜宴》《洛神水赋》等一系列现象级节目，实现社会效益和经济效益“双丰收”，推动中华优秀传统文化绽放时代光彩。

2021 河南春晚舞蹈节目《唐宫夜宴》

一、以守正创新的内容供给增强吸引力

深入挖掘中华优秀传统文化蕴含的时代价值，在传承中推进创新，着力打造“有思想、有温度、有情怀、有品质”的优秀节目。在河南春晚方案中鲜明确立“华夏文明、中原文化、出彩河南”的主基调，没有把邀请一线“大牌”作为重点，更多的是“世界吹来华夏风”等原创表达，激发民族认同感、自豪感。例如，《唐宫夜宴》将娇憨的“唐俑”搬上舞台，使“舞蹈里有国宝有国风”。河南元宵晚会及时回应观众“催更”，大年初九推翻已录制好的版本，以河南博物院普通“保安”为主角、以唐俑少女串场，用精品回馈热度，让传统文化“活”起来。

二、以优势资源的集约整合增强竞争力

成立全媒体策划中心，整合广播精品创作部、纪录片工作室、文艺部等生产创作力量，集中配置台、报、网、端等资源，实现从“单兵作战”到“集团会战”的转变，不断提高节目制作能力和运营能力。积极与省外团队、商业平台合作，突破自身资源限制，推动优质资源为我所用，实现“弯道超车”。例如，河南春晚舞美由曾经负责央视春晚分会场的舞美设计师担纲，广受观众好评。

三、以科学灵活的选人用人增强战斗力

一是建立多劳多得的薪酬激励制度。打破人员身份、级别界限，降低固定工资，大幅提高业绩绩效工资占比，薪酬待遇向创作制作等关键岗位倾斜。对在社会效益、节目创新、媒体融合等方面有突出贡献的项目，给予奖励。二是建立能上能下的选人用人机制。公开选拔融媒体服务中心负责人，选优配强运营团队。开展优秀人才选拔评选工作，将 88 名聘用制优秀人才纳入事业编制管理。制定岗位分流管理、内部退岗管理暂行办法，实行双向选择和分流，落选人员进入“蓄水池”待岗培训，一年仍没有工作岗位的解除劳动关系。三是建立人尽其才的项目化择优机制。以项目为抓手，实行竞聘上岗，吸引业务骨干担任项目负责人，赋予其选人用人权、自主运营权、资金支配权。承担河南春晚任务的全媒体策划中心共有 280 名工作人员，其中综合行政人员仅 4 名，其他人员成立 18 个导演工作室，实施目标管理，未完成目标任务的予以撤销。建立项目创新孵化工作平台，广泛开展征集“好节目、好项目、好建议”行动，2020 年汇聚 695 个“三好”项目提案，61 个项目脱颖而出。

四、以互融共通的全媒体传播增强影响力

建设云媒中心，打造“中央厨房”，再造生产分发流程，实现“一次采集、多端生成”。搭建以大象云平台为中枢的软件开

发、技术应用、生产管理体系，为采编制作、聚合分发、高清视频编辑等提供支撑。如《唐宫夜宴》运用“5G+AR”手段，让唐俑少女穿梭于妇好鸮尊、莲鹤方壶、贾湖骨笛等国宝之间，打造“博物馆奇妙夜”。主动拥抱互联网，积极占领移动端，在节目创作、分发和传播上注重“移动优先”，结合“小屏”特点，提前上线精彩片段，激发观众兴趣，形成话题热度，推动节目“出圈”。

广东潮州大力实施古城提升行动加快建设“文化潮州”

近年来，广东省潮州市大力实施潮州古城提升行动，在体制机制改革、文化和旅游融合、非物质文化遗产保护传承等方面多点发力，推动千年古城不断绽放迷人光彩。

一、保护特色城韵，实施古城提升行动

成立市委书记任组长、市长任第一副组长的古城提升行动领导小组，建立以副市长为召集人的议事协调机构。出台《潮州古城提升行动计划（2020—2025 年）》，部署深化古城管理体制机制改革、建设更高水平的“文化潮州”等 6 方面工作任务、24 条工作措施，建立第一批 26 个重点项目库。成立潮州府城文化旅游投资集团有限公司，作为古城项目实施和市场运作的主体，引进知名企业在古城投建文旅项目。

二、下足“绣花功夫”，加强文物保护活化

潮州是国家历史文化名城、省文物保护利用示范区，拥有全国重点文物保护单位9项22处，省级文物保护单位42项76处。立足自身实际，以“绣花功夫”推进文物修缮。陆续完成许驸马府、广济楼、广济桥、己略黄公祠、海阳县儒学宫等重要文保单位的修缮和展陈，完成清代麒麟照壁修缮，推进潮州开元寺、从熙公祠、道韵楼、龙湖古寨修缮，建设潮州老城古民居建筑群消防工程。推进笔架山潮州窑遗址Y10号窑址保护展示和本体加固。鼓励修缮后的名人古宅、家祠宗庙活化利用为景点或文化活动场所，让文物“活”起来。创建“博物馆之城”，发挥市博物馆引领作用，推出《潮州红色革命史展》等展览，带动民间博物馆、陈列馆、民俗馆、非遗馆举办系列展览并免费开放。全市“博物馆之城”系列馆已达70家，成为展示潮州文化重要窗口。

广济桥

三、丰富活动载体，促进非遗保护传承

全市共有国家级非遗项目 17 项、国家级非遗传承人 22 人。着眼非遗保护传承，启动《潮州市非物质文化遗产名录图典》编撰，组织非遗巡回展览，推进非遗进校园，举办非遗公益培训 120 余场次。遴选非遗精品参加国家博物馆“潮州木雕展”、广州塔“广州·潮州非遗精品展”，在潮汕机场设立潮州非遗展区。组织非遗传承人参加中国非遗博览会、中国（深圳）国际文化产业博览交易会等。编纂《潮州文化丛书》，举办“潮智汇”文化沙龙，成立潮州文化研究基地，举办潮州文化论坛，编创《茂芝·星火》潮剧精品。强化“潮州菜”品牌建设，举办“美食如潮”旅游嘉年华，在央视播出《美食中国——潮州》系列专题片。

四、打造文化品牌，推动文旅融合发展

复建潮州旧府衙代表性建筑镇海楼，推动修建百花台民俗文化公园，改造提升潮州影剧院。打造“一江两岸”灯光秀，举办“千年神韵·大美潮州”花灯展，定期举办“文化古城·乐享名街”牌坊街文化巡游以及非遗展演。培育创建“潮州人家”优质民宿、“潮州旅游宴”、潮州文化研学游基地等品牌。制作发布《美丽潮州》宣传片，拍摄《韩愈来了》系列短剧，发行广济桥建桥 850 周年《潮州广济桥》专用邮资图以及纪念册，不断提升古城知名度影响力。

第七篇

XINSHIDAI WENHUA GAIGE FAZHAN
ANLI XUANBIAN

推动文化产业高质量发展

中国文化产业投资母基金创新体制机制着力打造文化产业高质量发展新平台

为深入贯彻落实文化强国战略，经国务院批准，中宣部、财政部共同发起设立中国文化产业投资母基金，于 2020 年 11 月在北京正式成立。中国文投母基金是文化产业唯一的国家级政府引导基金，在总结中国文投基金 10 年探索经验的基础上改革创新，紧紧围绕落实国家文化战略和发展规划，通过市场化运作、专业化管理、规范化操作，支持文化企业改制重组和并购，促进文化资源整合和产业结构调整，推动文化产业高质量发展。

一、立足“国家队”母基金性质特点，完善管理运营体制机制

面向地方政府、国有骨干文化企业、大型国有企业、金融机构等战略出资人募资，所有权、管理权、托管权相互分离，着力探索建立符合市场要求、体现文化特点的管理体制和运营机制。投资策略上，发挥母基金优势，用市场化机制发挥专门机构、专

○ 2020 年 11 月 18 日，中国文化产业投资母基金在北京正式成立

业人士对文化产业专向领域的推动作用，专注于优化基金组合、探索投资组合多样化，通过投资不同阶段、地区、行业和投资策略子基金，有效降低风险、实现更好收益。投资布局上，明确“三个引导”，即引导鼓励市场化的头部基金将更多资源投入文化行业，引导帮助文化行业子基金在地方特别是母基金出资人所在区域落地生根，引导支持文化领域的专业基金管理人做大做优做强，构建市场化综合类基金、区域性子基金、文化行业专项基金和重点项目股权直投试点的“3+1”投资布局。投资方向上，遵循“源于文化，服务于文化”原则，制定《文化产业投资指引》，划分“文化主体、文化 + 旅游、文化 + 体育、文化 + 科技、文化 + 教育、文化 + 消费”等 6 大类、27 个中类、35 个小类，明确了基金投资范围。

二、落实文化数字化战略，促进新型文化业态发展

着力引导推动各类投资基金支持文化行业新业态、新模式、新技术的发展，支持文化与旅游、体育、科技等行业的融合。在选择子基金管理人时，注重其对文化支撑技术的认知、投资和投后赋能能力，注重以科技赋能文化产业。目前，子基金所投项目涉及一批文化领域共性关键技术的研发，探索解决文化领域重要软件系统与高端文化装备技术的“卡脖子”问题，如无线音频 SoC 芯片、AI 内容创作系统、云原生实时数仓厂商、VR/AR 智能交互技术研发等。

三、服务国家发展战略规划，优化文化产业布局结构

围绕国家重大区域发展战略和文化发展规划开展股权投资，

央视融媒体产业投资基金成立仪式现场

变过去财政专项资金普惠性支持为扶优扶强。加强与大湾区、长三角有关省市合作，推动区域性、行业性子基金设立。落实中央关于深化媒体融合发展有关部署，与中央广播电视总台共同发起设立央视融媒体基金，专注于先进融媒体技术、优质融媒体内容、融媒体生态建设。与在投资大型综合演出、红色文化演艺综合体、地方特色文旅综合体等方面具有丰富经验的市场团队探索合作，在特色文化资源丰富的地方开展文旅投资，以科技创新赋能产业发展，努力挖掘、传承和弘扬中华优秀传统文化。

四、坚持投早投小与扶优扶强相结合，努力实现两个效益相统一

立足政府引导基金定位，撬动更多社会资本参与支持文化产业发展。目前所投市场化综合类子基金投向主要偏早期，在发掘和培育独角兽企业方面积累了丰富经验，能够发挥其投后赋能优势，助力中小微文化企业持续健康发展。对于具有较强市场竞争力和行业引领性的重点项目，母基金择优审慎开展直接股权投资试点。如参与红筹公司回归 A 股主板第一股中国移动战略配售，助力打造文化产业发展的重要基础设施和便捷渠道。2021 年中国移动全年数字内容收入同比增长 47.1%，旗下咪咕视频全场景月活跃客户同比增长 45.0%，北京冬奥会内容累计播放 340 亿次。

北京深入推动文化和科技融合促进文化产业高质量发展

近年来，北京市立足全国文化中心和国际科技创新中心定位，坚持科技为文化赋能、文化为城市赋能，大力实施文化创新、科技创新“双轮驱动”战略，加快文化和科技深度融合，推动文化产业高质量发展。

一、聚焦深度融合创新，强化政策引领保障

将加快文化和科技融合作为推动文化产业高质量发展的重要内容和工作抓手，点面结合建立健全相关政策体系。一方面，出台推进文化产业创新发展的若干意见、促进文化科技融合发展的若干措施、北京市文化和科技融合示范基地认定管理办法等专门文件。另一方面，在《全国文化中心建设中长期规划（2019—2035 年）》、《文化产业高质量发展三年行动计划（2020—2022 年）》、应对疫情“文化 28 条”等综合文件中，把文化和科技融合作为重要内容，予以突出强调和重点支持。在市文改领导小

组领导下，市委宣传部、市科委牵头，会同市委网信办、市文旅局、市广电局、市文资中心建立联席会议机制，进一步形成工作合力，推动相关政策举措落地落实。

二、聚焦传统业态升级，推进重点工程项目

围绕国家文化数字化战略，推进香山革命纪念馆、北大红楼和抗日战争纪念馆红色基因库试点建设。大力推动馆藏艺术品、文物精品数字化转型，打造“遇见敦煌”、首都博物馆《文物的时空漫游》数字体验展、“音乐线上云展演”等沉浸式场景。围绕“5G+8K”视听领域核心技术开展攻关，建成国家超高清电视技术和应用实验室，重点打造北京冬奥会、男篮世锦赛等重大体育赛事“5G+8K”直播应用场景，推动一批文化企业掌握关键核心技术。

市级文化产业园区 E9 创新工场

三、聚焦新型业态发展，加强市场主体培育

加快推进中关村国家自主创新示范区等国家文化和科技融合示范基地建设，发挥其示范引领带动作用。推动文化企业加大数字内容创作，创新打造数字阅读平台，升级数字阅读设备。举办“电竞北京”系列活动，培育壮大市场主体，推动电竞产业快速发展。以文化和科技融合为特色的市级文化产业园区有 16 家，在汇聚优质资源、提供专业高效服务等方面发挥着重要作用，为文化企业发展营造良好环境，有力促进了文化和科技深度融合。2021 年，全市文化新业态特征较为明显的 16 个行业小类实现营业收入 10246.6 亿元，同比增长 22.6%，占全市文化企业营业收入比重约 60%。

天津推出文化惠民卡促进文化消费

近年来，天津市大力推行文化惠民卡，变补贴院团为补贴市民，将文化惠民同扩大文化消费、培育文化市场有机结合，取得了百姓叫好、院团说好、市场向好的积极成效。

一、政府补贴引导文化消费

2015 年首批投入财政资金 2400 万元，发行 6 万张文惠卡，每张补贴 400 元，市民仅支付 100 元购卡即可享受 500 元消费额度。2018 年以来，不断加大财政投入力度，每年补贴增加至 5300 万元。已累计发行文惠卡 80 万张，发行范围不断扩大，并针对学生、残疾人和低保人员等群体给予优惠。持卡在“天津演艺网”综合票务平台线上购票，享受 3—9 折优惠，额度全部消费完后，仍可继续享受折扣。文惠卡发行以来，共推出演出 2 万余场，服务观众 600 余万人次，持卡观看演出的观众人次逐年攀升，有效拉动了文化消费。

二、成立联盟丰富演出供给

与文惠卡发行使用相配套，天津北方演艺集团牵头成立“天津市文化惠民演出联盟”，加盟单位从最初的11家国有文艺院团逐步扩展到包括国有院团、民营院团、民营演出公司、剧场等在内的68家单位，持卡观看演出的选择面大幅拓宽，平均每日可观看的演出达10场以上。文惠卡变补贴院团为直接补贴市民，让市民“用脚投票”，倒逼各演出单位不断深化改革、优化生产运营机制、提升演出质量，以更好满足观众需求，形成互惠合作、良性竞争的局面。随着文惠卡发行量和使用范围的扩大，演出场次、观众人数、票房收入等逐年大幅增长，“天津演艺网”

自2019年起，组建文化惠民卡“流动服务站”小分队

票务平台销售额已占全市舞台剧演出 75% 的市场份额，形成观众爱看、院团多演、市场繁荣的发展格局。

三、创新服务促进供需对接

以优质演出剧目吸引越来越多的市民习惯于购票走进剧场，改变以往的文化消费观念。建立一套从线下到线上的票务系统，联网统一销售各院团演出门票，在全市设立 38 个售卡售票点，综合运用网站、新媒体、手机短信、平面媒体、户外媒体等多种方式，推动票务购买多元化、便利化。通过大数据分析，定期为会员推送个性化的演出资讯，同时推动院团有针对性地推出群众喜闻乐见的剧目，实现社会效益和经济效益相统一。

上海加快构建文化产业发展新优势

近年来，上海市牢牢把握正确方向导向，聚焦文化产业重点领域、关键环节和重大项目，调整优化产业结构，健全完善政策保障，持续提升营商环境，文化产业增加值占全市生产总值的比重达到 6.1%，支柱性产业地位持续巩固。

一、构建产业发展体系

整合调动全市各类主体资源，创新构建“四个一”文化产业发展体系。一是一套领导机制。坚持统一领导、统一设计、统一推动，成立由市领导任组长、17 家成员单位参加的文化产业推进领导小组，研究决策全市文化产业相关规划政策，指导公共平台、重大项目建设。二是一个指导意见。市委、市政府发布关于加快文化产业创新发展的指导性文件，同时制定专项规划、三年行动计划和年度工作要点。三是一条联动路径。加强市区两级对接联动，指导全市 16 个区按照统一模式分别成立文化产业推进领导小组及办公室，建立市区两级工作信息网络，全市形成点面结合、条块互动、整体推进的工作格局。四是一套扶持体系。设立市区两级促进文化产业发展财政扶持资金，推动市级各类演艺、动漫、出版等细分领域扶持资金全部纳入统一平台。2021年，共扶持806个产业项目，安排市级扶持资金2.67亿元，市区两级扶持资金共计4.42亿元。

二、聚焦重点领域发展

一是聚焦影视创制中心建设。抓住“创作”和“制作”两个关键环节，推动7000多家影视企业健康发展。二是聚焦艺术品交易中心建设。通过政策创新，促进艺术品贸易便利化，打造上海国际艺术品交易月品牌活动。三是聚焦演艺之都建设。以推进“演艺大世界”建设为重点，推动全市演艺产业资源要素集聚。四是聚焦电竞之都建设。发布“电竞20条”，建立全市电竞联席工作机制，吸引全国80%的头部电竞俱乐部和40%的电竞赛事落户。五是聚焦创意设计发展。持续推进国际设计之都、国际时尚之都、国际品牌之都建设，提高创意设计领域的整体效益和竞争力。

三、把握产业发展抓手

一是以园区建设为抓手。印发文化产业园区管理办法，促进园区向特色化、品牌化、连锁化、智能化迭代升级。全市共认定149家市级文化产业园区，总面积达836万平方米，入驻企

◎ 上海杨浦大创智创新发展示范区

业总数超 2 万家。二是以重点企业为抓手。广泛挖掘、加强服务、选树典型，建立重点文化企业直连机制。开展“上海文化企业十强、十佳、十人、十大特色活动”推选工作。三是以品牌活动为抓手。办好上海国际电影节、长三角文博会、上海书展等重大文化节展活动，不断提升文化品牌影响力。四是以支撑服务为抓手。完善文化产业服务和促进体系，设立产业促进会，首批单位会员 250 多家。完善文化金融服务系列清单，在虹口、徐汇、闵行等区先行开展文化金融服务工作站挂牌试点，推出“招惠贷”“申影贷”等特色金融产品。

湖北多措并举推动文化产业高质量发展

近年来，湖北省着眼文化强省建设，聚焦打基础、利长远，着力强主体、提效益，推动文化产业持续健康发展。特别是积极应对新冠肺炎疫情冲击影响，狠抓疫后重振和产业复苏，2021 年和 2020 年全省规模以上文化及相关产业企业营业收入两年平均增长 10.2%，比全国 8.9% 的平均增速高出 1.3 个百分点。

一、高规格部署推进

省委书记、省长多次听取文化产业工作汇报并提出明确要求，省委常委会和省政府常务会分别专题研究文化产业发展工作。以省委、省政府名义召开全省文化产业发展工作会议，省委书记出席会议并讲话。完善领导机构，成立省文化产业发展领导小组，省长任组长，省委常委、宣传部部长和分管副省长任副组长，省直 22 个厅局主要负责同志为成员。全省 17 个市州均参照省级规格，成立文化产业发展领导小组，形成省市联动、部门协同、全省一盘棋的工作格局。完善考核机制，推动将文化产业发展纳入市州党政领导班子政绩考核、全省高质量发展评价考核、市州高质量发展目标考核以及县（市、区）责任目标考核。完善政策体系，省委、省政府出台《关于加快全省文化产业高质量发展的意见》，相关部门、地方制定实施方案和落实举措，形成"1+N"政策体系，2018—2021年，全省17个市州共出台相关政策文件80个。

二、高标准培育主体

建立完善上市后备文化企业库，全省遴选45家重点企业入库，公布2021—2022年度省上市后备文化企业"金文种子""银文种子""文瞪种子"名单，出台《关于支持文化企业上市发展的若干措施》。发挥重点项目带动作用，谋划"十四五"文化

◎ 首届湖北省文化产业品牌选树发布活动

产业重点项目 85 个，建成省文化产业项目库，创新项目管理模式，常态化进行线上推介、“云端”考察、“云上”服务等，推动市场主体做强做优做大。印发《关于进一步做好文化市场主体登记相关工作的通知》《关于加强和规范我省文化产业统计工作的通知》，加强和改进文化产业统计工作。2021 年，全省规模以上文化及相关产业企业达 2973 家，同比增加 92 家，实现营业收入 4755.7 亿元，同比增长 22.9%，增速高出全国 6.9 个百分点。

三、高效能创新驱动

培育文化产业品牌，开展省首届文化产业品牌选树活动，共 30 家文化企业和品牌入选。推动文化和科技融合发展，加快武汉东湖新技术开发区等国家文化和科技融合示范基地建设。成功举办首届中国（武汉）文化旅游博览会。2021 年，全省文化产业投资增长 16.2%，亿元以上新开工项目 452 个，较上年增加 104 个；签约项目 583 个，较上年增加 197 个；签约总金额达 8050 亿元，较上年增长 88.91%。支持扩大优质文化产品进出口，2021 年前 11 个月，全省文化产品进出口总值 144.6 亿元，同比增长 89.1%。

湖南着力激发文化产业发展新动能

2020 年 9 月，习近平总书记考察湖南期间对发展文化产业作出重要指示。湖南省牢记习近平总书记殷殷嘱托，完整准确全面贯彻新发展理念，坚持把社会效益放在首位，守正创新推动文化产业持续健康发展。总体来看，全省文化产业在实现恢复性增长基础上，保持稳中有进、稳中向好的发展态势，成为重要支柱性产业和“双循环”新发展格局下的新动能。

一、着眼战略性引领性，下好谋篇布局“先手棋”

一方面，抓好战略谋划，科学编制“十四五”时期文化发展系列规划。坚持顶层设计和问计于民相结合，精心研究编制省“十四五”文化改革发展规划、新闻出版业发展规划、电影产业发展规划等 7 个省级层面规划，把握新阶段新格局的特点和趋势，突出打基础、利长远，围绕数字化转型、融合发展、新业态培育等重点内容，推出一批具有标志性、前瞻性、针对性的重大举措。另一方面，抓好导向引领，确保实现社会效益和经济效益相统一。坚持社会效益优先，制定出台《省管国有文化企业年度社会效益量化考核实施办法（试行）》，开展“一企一策”社会效益量化评价考核，指导推动湖南出版投资控股集团、湖南广播影视集团等省属重点文化企业发布年度社会责任报告。

二、着眼激活力增动力，做强文化市场“主力军”

一是持续深化改革。坚持以改革激发国有文化企业活力和内生动力，创新企业内部管理体制、运行机制和激励制度，积极探索职务与职级分离管理等新模式，推动解决湖南广播影视集团、

马栏山视频文创园

湖南日报报业集团人员分流安置等问题。二是着力降本增效。开展厉行勤俭节约百日专项行动，从薪酬管理、基础建设、技术设备、财务管理等方面制定实施具体措施，建立健全厉行节约长效机制，5家省属重点文化企业2020年共压减支出8.97亿元。三是强化政策引导。发挥省文资委管理协调作用，持续加大政策资金扶持力度，引导国有文化企业做强做优做大宣传文化主业。湖南出版投资控股集团（或旗下中南出版传媒）连续13届被认定为“全国文化企业30强”，湖南电广传媒、芒果超媒多次被认定为“全国文化企业30强”。2021年，省属重点文化企业保持恢复性增长态势，经营情况基本恢复至新冠肺炎疫情发生前同期水平。

三、着眼出精品出佳作，打好文化供给“主动仗”

一是献礼建党百年。强化内容创作生产，组织策划《红色故地》《湖湘红色基因文库》等200余种出版选题，编辑出版《中国革命和湘籍开国将帅》《湖南为什么这样“红”》《湖湘英烈故事丛书》，创作推出民族歌剧《英·雄》、电视剧《理想照耀中国》《百炼成钢》、电影《半条棉被》等精品力作。二是反映精准扶贫。围绕脱贫攻坚的历史进程和伟大实践，推出大型史诗歌舞剧《大地颂歌》、电视剧《江山如此多娇》、大型话剧《高山之巅》、纪实文学《立此存照》《扶贫志》等一批优秀作品。三是丰富文化供给。《歌手》《乘风破浪的姐姐》《声生不息》等现象级节目在前期收获良好口碑的基础上又有新亮点，“青春芒果节”“马栏山音乐节”以青春向上的气质广受年轻人喜爱。

四、着眼数字化集聚化，拓展产业发展“新空间”

一方面，实施文化产业数字化战略。推动文化和科技深度融合，催生新型文化企业、文化业态、文化消费模式，延伸文化产业链，改造提升传统文化业态，推动文化产业全面转型升级、提高质量效益。例如，构建高新视频“制造＋内容＋传输＋应用”全产业链体系，加快推进人工智能手语技术研发和场景应用。另一方面，发挥产业园区集聚效应。重点打造马栏山视频文创产业园，省级层面出台支持园区建设的政策 15 条，长沙市级层面出台政策 21 条，为园区企业开辟行政审批绿色通道，引导扶持资金向园区倾斜。打造“人才蓄水池”，实施青年人才计划，建立马栏山智库、马栏山科技委员会、马栏山新媒体学院，加快高层次创新人才集聚。园区发展态势持续向好，2021 年园区企业实现营业收入 519.81 亿元，同比增长 24.4%，完成企业税收 30.16 亿元，同比增长 20.1%。

四川成都加快推动文化产业提质增效

近年来，四川省成都市完整准确全面贯彻新发展理念，结合本地实际和自身特点，不断优化文化产业布局结构，加快构建以创意设计、传媒影视、音乐艺术等为支撑的现代文化产业体系，努力打造彰显中华文明魅力、天府文化特色的文化名城。2021 年全市规模以上文化及相关产业企业达到 730 家，同比增长 17.7%，实现营业收入 2406 亿元，同比增长 16.7%。

一、坚持强规划重引领，构建文化产业发展格局

一是强化总体设计。印发《关于弘扬中华文明发展天府文化加快建设世界文化名城的决定》，编制出台文化产业发展“十四五”规划和配套行动计划，聚焦重点领域和关键节点，制定细分领域产业政策，构建“市级重点专项规划 + 行动方案 + 配套政策”的发展规划和实施体系。二是强化重点引领。全面推行文化产业“链长制”，推动政府重点支持与市场化机制并重、关键细分领域突破与

成都露天音乐公园

全产业链推进并行，清单式梳理文化产业链区域布局、重点企业、要素短板、关键技术，充分发挥链主企业、公共平台、中介机构、投资基金和领军人才作用。三是强化统筹协同。建立部门间产业数据共享机制，定期发布统计数据和产业发展报告。成立市文化产业发展促进中心。建立健全与财政、科技、金融、经信、市场监管等部门联动机制，把规模以上文化企业数、产业增加值等重要指标纳入年度目标考核，形成推动产业发展的合力。

二、坚持强主体重培育，壮大文化产业基础力量

深耕优势行业，对接引进一批优质文化产业项目，推动产业链规模能级整体跃升。发挥龙头企业示范带动作用，开展成都文

化企业 100 强等认定发布活动，助力企业提升行业知名度和市场影响力。面向文化企业每年定期举办上市培育、文化金融等专题培训。2021 年，市级文化产业专项资金支持 189 个重点产业项目，共计 1.68 亿元；支持 14 个项目获得 2880 万元省级文化产业专项资金。

三、坚持强平台重支撑，夯实文化产业比较优势

一是加强园区基地建设。支持创建国家文化和科技融合示范基地、国家文化出口基地、国家超高清视频产业基地。推进市级文化产业示范园区、特色街区、特色镇（村、社区）的认定和服务管理。建设天府数字文创城、少城国际文创谷等 6 个市级文化产业功能区和一批重大项目。二是搭建综合服务平台。建立天府文创云平台，强化政务服务和投融资服务，设立资金扶持、产业信息、投融对接三大板块，打造“云路演”“文创地图”“文创企业库”等十大应用场景，推动市场需求与优质内容精准匹配。三是打造品牌活动。举办中国（成都）网络视听大会、中国成都国际非物质文化遗产节、世界文化名城论坛·天府论坛、成都国际数字版权交易博览会等活动。天府文创大集市吸引创意设计、非物质文化遗产、文化科技、时尚消费等商家 400 余户，日均人流量 4 万余人次。

四、坚持强金融重服务，促进文化产业聚势蓄能

组建市文化产业发展投资基金，采用“母基金＋子基金群”

架构，累计投资子基金规模 28 亿元，重点培育本土“瞪羚企业”和“独角兽企业”。设立“文创银行”，建立总额 1 亿元市级文化企业债权融资风险补偿金融资金池，推出“文创通”贷款产品，对贷款企业给予 40% 贷款利息补贴和 60% 担保费补贴。截至 2021 年年底，累计支持企业 224 户，贷款金额超 20 亿元，财政资金放大效应达 75 倍。打造路演中心，与 100 余家知名投资机构建立战略合作，2021 年举办大型路演活动 12 场，吸引 400 余家文化企业参加。

第八篇

XINSHIDAI WENHUA GAIGE FAZHAN ANLI XUANBIAN

推动文化和旅游融合发展

浙江加快打造文旅融合新高地

近年来，浙江省将推动文旅融合、打造“诗画浙江”，作为忠实践行“八八战略”、高质量发展建设共同富裕示范区的重要抓手，加强文旅资源整合，加大项目建设力度，打造新时代文化和旅游融合发展高地。

一、注重顶层设计，明确融合机制

坚持一张蓝图绘到底，努力打造“诗画浙江、美丽家园”。浙江省委出台《关于深化省级机构改革中落实归口领导、归口管理有关要求的意见》，明确省委宣传部归口领导省文化和旅游厅。省委宣传部加强对文旅融合重要政策、重要活动的审核把关及对重大项目、重大平台的指导推动。建立健全领导协调机制，在财政投入、资源调配、项目统筹、人才培养等方面出台有针对性的政策举措。

二、注重项目带动，打造融合标识

推进“四条诗路”文化带建设，打造魅力人文带、黄金旅游带。推进大运河国家文化公园建设，重点建设大运河世界文化遗产公园、浙东运河博物馆和江南（湖州）运河古镇集群等重大项目。新昌县推进城区景区化建设，建成鼓山唐诗公园、唐诗之路博物馆，加快推进唐诗文化广场、唐诗文化街区等项目。宋城演艺注重挖掘历史文化，力求将每一个千古情景区打造成为当地文化地标。横店以影视带动旅游，推动影视文化与旅游产业融合发展。“十四五”期间，重点打造绿水青山就是金山银山文化发展示范区、滨海文化旅游产业带等，推进 93 个单体投资 50 亿元以上、总投资 7487 亿元的文旅项目建设。

三、注重资源整合，丰富融合业态

坚持以文塑旅、以旅彰文，发展红色旅游、研学游、夜间文旅等多种业态。嘉兴推进“老火车站”等项目，改造提升湖心岛，打造“新时代重走一大路”红色旅游产品。杭州挖掘运河文化，打造江南古运河文化实景演出《如梦上塘》。杭州余杭串联良渚遗址公园、良渚博物院与塘栖、径山，打造文旅品牌。温州通过文化赋能打造“瓯江夜游”“塘河夜画”等夜游品牌。探索文化场馆景区化建设，重点推动 100 个博物馆、美术馆等创建 A 级旅游景区。推进“文化润景”计划，开展景区“微改造、精提升”行动。推进长三角文化和旅游联盟建设，联手打造江南水乡古镇文化旅游圈、杭黄世界级自然生态和文化旅游廊道、环太湖生态文化旅游圈，推出长三角社保卡“一卡通”系列产品，推动三省一市在旅游观光、文化体验等方面享受“同城待遇”。

四、注重数字赋能，创新融合方式

加快推进数字化改革，初步构建以数据计算分析、知识集成运用、逻辑推理判断为核心的“文旅大脑”，提高事前研判、预警、分析决策水平。聚焦节假日游客停车难、入园难、如厕难、排队难等问题，推出“旅游通假日版”应用，实现假日旅游的精准服务和高效治理。聚焦公共文化服务供需对接不畅、公共文化资源不均衡等问题，推出“智慧文化云”应用，推动实现更加精

“旅游通假日版”应用

准的匹配，提升公共文化服务场馆效益。聚焦文物安全监管力量薄弱问题，推出“文物安全智慧监管”应用，建立多部门防范协同机制和文物安全分色分级智慧监管新模式。聚焦非遗保护工作难以精细化管理、难以实现线上线下智慧化闭环等问题，打造“非遗保护在线”应用，以“一张图”管控模式提升全省非遗保护能力水平。

广西以文化旅游发展大会赋能文化旅游强区建设

广西壮族自治区着眼于文化旅游强区建设，自2019年起先后在桂林、柳州、北海举办文化旅游发展大会，推动实现“举办一届大会，提升一座城市”的初衷，达到“一地举办、辐射周边、带动全区”的效果，有力促进了文化和旅游高质量发展。

一、完善机制，搭建平台

建立党政统筹、市场运作、整合资源、区域联动、全民参与、新业态引领、产业化发展的运行机制，在全区上下凝聚起强大合力。通过全区各设区市竞选、轮流承办的方式，确定每年大会承办地。承办地以举办大会为契机，加快推动文旅融合。2019年，桂林实施《桂林国际旅游胜地建设发展规划纲要》，推动一批重大旅游项目落地，建成一批精品旅游线路。2020年，柳州瞄准建设中国文化旅游特色名城目标，打造22个重点项目，建设中国—东盟（柳州）旅游商品与装备制造产业园。2021年，北海着力打造国际滨海旅游度假胜地，建设一批总投资近千亿元的重大文旅项目。

二、高点定位，区域联动

以每年一届的文化旅游发展大会为引擎，构建“三地两带一中心”文化旅游新格局，不断扩大“秀甲天下　壮美广西”的品牌知名度和影响力。“三地”即桂林国际旅游胜地升级版、北部湾国际滨海度假胜地、巴马国际长寿养生旅游胜地，“两带”即中越边关风情旅游带、西江生态旅游带，“一中心”即南宁区域性国际旅游中心城市。如全面免费开放桂林象鼻山公园，加快规划建设桂林抗战文化名人博物馆、汽车展示馆、古宋城历史文化街区等一批项目。制定实施《加快建设北部湾国际滨

2021 年广西文化旅游发展大会新项目——北海海丝首港

海度假胜地三年行动计划（2022—2024）》，加快推进北部湾国际邮轮母港、银基国际旅游度假区等一批项目。

三、优化供给，提升品质

健全完善旅游基础设施，深化供给侧结构性改革，提升服务品质和旅游体验。自 2019 年以来，全区共建成 125 个旅游集散中心、634 个旅游咨询服务中心、58 家星级汽车旅游营地。加快推进智慧旅游，上线运行旅游大数据平台、广西游直通车平台和“一键游广西”小程序等。全区 5A 级旅游景区达 8 家、4A 级以上旅游景区达 280 家。全区现有星级饭店 128 家，其中五星级饭店 13 家，四星级饭店 115 家。推动文化旅游与农业、工业、体育、康养等多个领域融合发展，因地制宜发展乡村旅游、休闲农业，建设 7 个田园综合体等。据统计测算，2021 年全区接待游客 7.98 亿人次，同比增长 20.8%，实现旅游收入 9062.99 亿元，同比增长 24.8%。

西藏以旅游演艺驱动文旅融合

近年来，西藏自治区通过打造大型实景剧《文成公主》等重点演艺项目，深挖人文特色资源，提升文化内涵和旅游品质，推动产业集群提档升级，促进文化和旅游融合发展。

一、打造重点项目品牌，发挥示范带动作用

大型实景剧《文成公主》深挖历史文化底蕴，紧贴旅游市场需求，将高科技舞台元素与中华优秀传统文化有机结合，创新节目编排，突出效果呈现，成为游客进藏旅游和体验拉萨文化的标配。自 2013 年首演至 2021 年第九个演出季结束，该剧演出已突破 1500 场，接待观众超过 300 万人次。以《文成公主》为品牌，汇集慈觉林藏院风情街、文化旅游主题园、西藏非物质文化遗产体验园等项目，打造文成公主藏文化风情园景区、国家级夜间文旅消费集聚区、国家文化旅游休闲聚居区。

二、丰富旅游演艺业态，满足多样文化需求

持续推动用“文化 + 科技 + 旅游”创新文旅产品和业态，促进文化和旅游消费，激活城市经济“新引擎”。以《文成公主》沉浸式演艺为基础，引进成熟模式，拓展开发可全时全季演出的节目，通过最前沿的多媒体舞台技术、沉浸式创新演绎，打造年轻化、可参与、强视听的深度体验场景。适应“自驾游”的趋势和特点，满足全年龄段游客多元化个性化的体验需求，不断推动文旅产品从内容到形式的全新升级，让游客更深度地感知西藏文化风情。

◎《文成公主》以数十种非遗文化展现民族传统之美

三、延伸拓展产业链条，助力乡村文化振兴

《文成公主》为当地的发展提供了客源、人才、品牌等资源，带动旅游购物、度假休闲、民宿体验等相关产业迅速聚集，逐步构建起以旅游演艺产业为核心的文化旅游全产业链。《文成公主》通过建设用工、演职人员就业、经营项目吸收就业、开发创业平台等渠道，促进当地群众和大中专毕业生就近就业创业，真正做到让村里人在村里发展。截至2021年年底，《文成公主》累计解决就业7000余人次，其中为900余名大中专返乡学生提供就业岗位。当地村民养殖的牛羊马等，也成为该剧的“群众演员”，《文成公主》通过租赁牦牛、羊等，帮助村民每年创收超过50万元。通过《文成公主》演出就业，以及餐饮、交通接驳、军大衣租赁、旅游纪念品和农副产品销售等，村民完成从单一务农收入向服务业多元收入的转型，人均年收入从10年前的5500元，提高至2万元以上，实现文旅融合赋能乡村振兴。

青海立足高原特色资源优势探索文旅融合新路子

近年来，青海省坚持文化传承、生态保护和旅游开发相结合，持续在打造颜值高、气质佳、品质优的文化旅游名省上下功夫，探索一条富有高原特色的文旅融合发展新路子。2021 年全省接待游客 3973.42 万人次，同比增长 19.98%，实现旅游总收入 349.9 亿元，同比增长 20.69%。

一、分类挖掘文化资源

依托丝绸之路、唐蕃古道、茶马古道三大线性文化遗产打造文旅融合风景道，统筹推进喇家国家考古遗址公园、沈那遗址公园、柳湾遗址等古遗址保护和旅游开发，建设黄南热贡、格萨尔文化、藏族文化等文化生态保护实验区，打造唐卡、泥塑、堆绣、藏绣等非遗旅游产品，举办丝路花儿艺术节、那达慕大会、玉树康巴赛马会等民俗节庆活动。以青海原子城纪念馆、青藏公路建设指挥部旧址、中国工农红军西路军纪念馆等为重点，大

原子城纪念馆

力发展红色旅游，弘扬“两弹一星”精神、“两路”精神，讲好红色故事，赓续红色血脉。推出含博物馆、图书馆、文化馆、景区、演艺等多个板块的“线上文旅”服务。加密省外主要客源地、省内主要旅游城市间的航班、列车和客运频次，先后开展青海文化旅游节、冬春季旅游等2000余项活动。

二、精心打造生态品牌

制定出台《青海打造国际生态旅游目的地行动方案》《关于促进冰雪旅游发展的实施意见》等，以创建国家级生态旅游示范省为引领，结合三江源国家公园、祁连山国家公园建设，探索开展生态体验、生态认知、生态教育等，助力青海成为生态旅游网红地。以“游大美青海　看国家公园”为主题，推出一批主题突出、特色鲜明的精品线路，打造青藏、青川、青新、青甘区域生态旅游大环线。推出三江源溯源之旅、雪山探秘之旅、国家公园生态体验之旅等生态旅游精品线路。推出“大美青海·旅游净地”公益旅游广告，利用主流媒体和短视频平台，持续打造“大美青海　生态旅游”品牌。

三、着力强化政策保障

印发《关于一手抓疫情防控，一手抓文旅发展的通知》《进一步激发文化和旅游消费潜力实施方案》等，为旅游业复苏提供政策支持。2021 年，及时调整文旅专项资金支出结构，集中下达 2.5 亿元，其中，向 121 家企业奖补 1580 万元，为 49 个重点项目下拨资金 1.25 亿元。创建 20 家全国乡村旅游重点村，先后支持乡村旅游及旅游扶贫建设项目 153 个，为 39 家中小微旅游企业落实贷款贴息。向省内金融机构推送促成合作项目 100 余个，助企融资近 20 亿元。开展 2021—2022 年冬春文旅惠民消费季活动，以发放消费券的方式惠民补贴 306.37 万元，直接拉动消费 820.38 万元。

新疆以音乐为载体推动文旅融合

近年来，新疆维吾尔自治区创新推进“文化润疆”工程，发挥新疆“歌舞之乡”资源优势，深挖新疆音乐独特魅力，推出网络微综艺节目“乘着歌声游新疆”，绘制新疆音乐旅游地图，探索文旅融合新路径。

一、“音乐旅游”看新疆

2021 年 3 月，“乘着歌声游新疆”在托克逊杏花园开机，吸引众多优秀歌手、乐队和音乐制作人参与，开创“乐队 + 景区”模式，推出系列短视频，用镜头和歌声传播新疆美景美食、风土人情和城乡新发展新变化，为美丽新疆插上音乐的翅膀。节目一经推出，通过“学习强国”学习平台、人民网、新华网等转发推介，迅速传遍大江南北。截至 2022 年 4 月，“乘着歌声游新疆”策划拍摄了以托克逊杏花园为代表的“杏花季”、乌鲁木齐市为代表的“城市音乐季”、赛里木湖为代表的“夏日音乐季”、喀拉峻景区为代表的“草原音乐季”、喀什古城为代表的“丝路音乐季”等大型主题音乐季，共录制播出节目 52 期，成为音乐旅游类节目新的风向标。

二、“音乐导游”唱新疆

“乘着歌声游新疆”紧跟新疆鲜明的季节特色，在新疆著名景区进行拍摄，深入挖掘歌曲背后的故事，全方位宣传推介新疆。从创办伊始，节目组始终注重作品原创，摸索适合网络传播的节目形式，邀请和招募众多优秀音乐人参与录制。每一首歌曲演唱和拍摄结束后，由歌手担任“音乐导游”现场出境，介绍当

◎“乘着歌声游新疆”走进喀拉峻草原录制歌曲

地的旅游资源，用体验式、沉浸式旅行的方式推荐新疆旅游线路和游玩攻略。从历史悠久的喀什古城到巍峨险峻的“冰山之父”慕士塔格峰，歌声中的新疆美景为观众拉开了一幅幅大美新疆的宣传片，激发了群众的参与热情，达到了“人人都是宣传员，我愿为新疆代言”良好效果。

三、“音乐地图”绘新疆

“乘着歌声游新疆”足迹遍布天山南北，一路风景一路唱，用音乐描绘新疆是个好地方，以当地旅游形象、文化符号和民俗风情为背景，为景区量身打造新的旅游歌曲。以“老歌新唱、新歌唱响”的思路，将“一首歌唱响一个景点，一首歌点亮一座城市”的理念贯穿整个制作过程，挖掘和培养新疆原创音乐人，打造推出《爱在乌鲁木齐》《石榴相依》《美丽新疆好地方》等一批原创作品。2021 年节目组号召动员全国词曲作者写新疆唱新疆，短短 3 个月收到新创音乐作品 305 首，建立了丰富的新疆歌曲资源库，以 100 首歌曲为脉络绘制出《新疆音乐旅游地图》。例如，在“音乐地图”上，吐鲁番对应一首老歌《吐鲁番的葡萄熟了》、一首新歌《吐鲁番的情歌唱不完》，游客扫描地图上的二维码就可以听到这两首歌曲，同时获取吐鲁番旅游攻略。这些作品主题鲜明，歌唱美丽的新疆和新疆人民的幸福生活，具有很强的艺术感染力和表现力，逐步成为新疆旅游响亮的音乐名片。

四、“音乐宣传”秀新疆

“乘着歌声游新疆”通过“新疆是个好地方”全媒体平台、“学习强国”学习平台、人民网、新华网、央视频、中国日报网等平台进行展播，截至2022年4月，全网文字类推广2500万条，全网视频播放量超过3.6亿人次。“乘着歌声游新疆”2021年入选国家广播电视总局“弘扬社会主义核心价值观　共筑中国梦”主题原创网络视听节目展播活动优秀节目。目前，节目已成为新疆文旅特色品牌，推动新疆歌曲在“一带一路”沿线国家广泛传播，并以“请进来”和“走出去”相结合的方式，走进全国19个援疆省市推介路演，用音乐展示和宣传新疆。

四川广汉以三星堆文化引领文化和旅游融合发展

近年来，四川省广汉市以三星堆文化为引领，深入挖掘文化内涵，有效整合特色资源，着力提升服务品质，加快构建文化游、乡村游、健康游、工业游等融合发展的新局面。

一、加强研究保护和宣传推介，打造三星堆“金字招牌”

一是强化研究阐释。成立三星堆考古与文物保护修复中心，组建由国内34家单位参与的考古、保护与研究团队，运用最新技术对新发现的6座祭祀坑开展考古发掘，出土全国最大的大口尊、国内同时期最大的金面具、国内唯一科学考古发掘出土的圆口体铜尊等珍贵文物。加强与北京大学、国家文物局考古中心等学术研究机构合作，成立三星堆文化与青铜文明研究中心，加强三星堆文化与国内其他文明以及世界文明遗存的比较研究，深度阐释三星堆丰富的文化内涵和价值，形成一批具有国际影响力的学术

◎ 三星堆博物馆

成果。二是强化保护传承。积极推进三星堆遗址保护条例立法工作，颁布实施《四川省三星堆遗址保护条例》。编制《三星堆国家文物保护利用示范区建设方案（2021—2023 年）》。对标世界一流博物馆标准，投资 14.3 亿元建设三星堆古蜀文化遗址博物馆新馆，投入 7000 万元对现有的综合馆、青铜馆实施基本陈列改造和基础设施信息化升级。将南兴镇、西外乡合并为“三星堆镇”，与金沙遗址签署《三星堆遗址与金沙遗址联合申遗合作协议》。用好用活“三星堆”品牌，开发文创产品 300 余种。三是强化展示提升。举办三星堆文物全球巡展、主题艺术创作展演、文化创意精品展等，宣传推广三星堆。央视 2 次 6 天全媒体直播，展示三星堆考古新进展。三星堆最新重要出土文物和创意舞蹈《金面》亮相央视春晚。承办中华文化全球推广之三星堆活动，启动

“走读中国”体验基地。2021年，三星堆接待游客146.9万人次、实现综合收入1.07亿元，分别较2019年增长1.4倍、2.5倍。

二、加强延伸拓展和融合创新，推动多业态“全面开花”

一是在“融”字上做文章。推动文旅与农业、教育、体育融合发展，依托广汉“国家现代农业产业园”，与乡村振兴相结合，打造稻香农旅产业带；依托乡村自然生态环境特色资源，打造稻虾乐园、松林桃花山等旅游品牌；在三水易家河坝乡村旅游区打造“中国西部钓都”体育产业示范基地。二是在“精”字上下功夫。依托中国民航飞行学院、航展会展中心等资源，承接四川航展、智能装备展、火锅食材博览会等，探索旅游发展新路径。将古镇、古村、古街、古建筑的文化元素融入建筑设计，精心打造乡愁乡韵体验目的地。三是在“新”字上出成效。办好广汉“保保节”、三星堆面具节、大祭祀等重大节会，打造“古蜀文明世界遗产”旅游线。围绕夜市、微度假、深夜食堂等特色产品，提供差异化、多元化的消费选项，有效解决“白天看馆，晚上走人”的旅游窘境。2021年，广汉共接待游客1053.7万人次，实现综合收入102亿元。

三、加强基础建设和服务保障，促进目的地提档升级

一是建设高水平旅游交通体系。投资9.2亿元打通从高速公

路广汉出口到三星堆博物馆 8.6 公里的快速路程，已建成通车。投资 6.7 亿元建设三星堆旅游大道保定路支线项目，全力打通三星堆文化旅游环线，构建“4 高 7 快 6 轨 5 线”综合交通体系。二是构建高品质公共服务体系。投入 1700 万元对三星堆博物馆至三星堆古遗址区的向新路沿线进行风貌提升和绿化优化，投入 2.3 亿元实施鸭子河景观工程及光彩工程、滨河生态景观栈道、金雁湿地公园和马牧河湿地公园等一批城市景观和市政设施建设。三是打造高效率智慧旅游体系。建立“两中心多点位”三级游客服务网络，包括 1 个游客集散中心、6 个景区游客中心、多个乡村旅游咨询服务点和志愿服务点。建成旅游大数据中心，推行售票分时预约，实现景区交通智能调度，提供智能导游、电子讲解、实时信息推送等服务，有力提升了旅游目的地的服务水平和品质。

云南腾冲佤族村以文旅融合助力乡村振兴

云南省腾冲市清水乡司莫拉佤族村是一个有500多年历史、民族文化保存完整的原生态佤族村寨。2020年1月，习近平总书记在司莫拉佤族村考察调研时强调，要大力推进乡村振兴，让幸福的佤族村更加幸福。两年多来，佤族村牢记习近平总书记殷殷嘱托，立足自身资源禀赋和特色文化，着力打造乡村振兴示范区，成功创建国家4A级景区、云南省民族团结进步示范村，稳稳托起了佤族村“幸福梦”。

一、以文聚心“讲团结”，让幸福更有活力

以基层党建为引领，发挥民族文化凝聚力，铸牢中华民族共同体意识，打造团结幸福新佤村。一是奏响民族团结最强音。收集整理民族风俗、礼仪、服饰、音乐、舞蹈、乐器、文学作品和生活用品实物等，传承弘扬“新米节”“搭牛丛”等传统节日，举办射弩、爬杆等活动，将民族文化载体汇聚在一起，将全村人

民凝聚在一起。二是激活民族团结动力源。探索“党支部＋公司＋合作社＋农户”的模式，由国有公司作为项目开发主体成立景区管理有限公司，创办旅游专业合作社，全部农户成为合作社社员，实现村民人人有事做、户户有收入、集体得实惠、公司有盈余、团结共致富。三是共护民族团结大家庭。开设民族文化讲堂，用好“乡村主播”，每日开展“微晨读”，一起谈变化、讲未来，引导佤族群众听党话、感党恩、跟党走。组建佤族歌舞队伍，同周边村寨文艺队共舞，同四面八方来客共欢，实现民族大融合、大团结。

二、以文富民“兴产业”，让幸福更有底气

培育文旅融合新业态，让佤族农耕、歌舞、传统手工艺等特色文化活起来，打造富裕幸福新佤村。一是文旅融合开好局。打造古寨乡旅、温泉休闲等 6 种业态，通过佤族歌舞互动、民族节庆活动、民族农事体验、民族文化研学，传递中华民族奋斗幸福观。2021 年，接待游客人数达到 15.9 万人次，实现收入 108 万元，人均可支配收入达 18860 元，比 2019 年增加 7412 元。二是延伸业态促振兴。注册“司莫拉”商标系列产品，聘请省农科院帮助研发 6 款农特产品，引进农业企业批量生产，建成农特产品一条街。建成具有浓厚佤族风情的幸福餐厅、幸福烤吧等，提供就业岗位 60 余个。持续开展民宿、茶艺师、养殖、农民画创作、导游等培训，提升村民创收技能，拓展创业路子，外出务工人员陆续回乡创业，建成农家乐 10 户、民宿 4 家。三是带动周边共发

来到司莫拉的游客纷纷参与到当地佤族特色文化项目竹竿舞中

展。打造体验亲情、友情、爱情幸福的“花缘里”玫瑰主题村，2021 年十一黄金周试营业以来，接待游客近 2 万余人次，提供就业岗位 30 余个。

三、以文美景“促宜居”，让幸福更有品质

按照“抓点成典、推典成景”的目标，最大限度留住乡韵、乡愁，打造美丽幸福新佤村。一是打造美丽田园。建设农耕文化观光区，建成 25 座水车集群，种植万寿菊、油菜花、百香果等，让村庄增色、田园增美、农民增收。建成彩色稻田景观，成为游客到腾冲旅游的重要打卡点。二是打造美丽公路。按照“安全、通畅、生态、美丽”的标准，将入村道路 10 公里改造提升为美

丽公路，打造 794 米灯笼长廊。三是打造美丽庭院。开展寨门改造、寨内绿化等环境整治，完善村庄保洁机制，建立“户集、村收、乡运、市处理”垃圾统一处置模式。建成污水处理管网及氧化塘，完成庭院硬化和无害化卫生厕所改建。

四、以文化人“淳民风”，让幸福更有内涵

发挥道德教化作用，用嘉言懿行垂范乡里、教化乡民、涵育乡风，打造文明幸福新佤村。一是共建文化载体育民心。用好新时代文明实践站、民族文艺队等平台载体，组建宣讲团深入村组开展主题宣讲，推动习近平新时代中国特色社会主义思想在佤村落地生根。二是共治文明村寨树新风。成立美丽村庄建设管理委员会，探索“巷长”“美丽公约”等制度，落实“十条村规民约”，深化“门前三包”和“最美庭院”评比，成立爱心超市，做到自己的村庄自己管、自己的家园自己建、自己的事情自己说了算。通过诚信“红黑榜”、道德评议会、文明家庭评选等活动，推动形成以家风促民风、以民风带村风、以村风促发展的良好氛围。三是共讲佤村故事同筑梦。把习近平总书记的深情关怀、司莫拉的巨大变化和佤族儿女的幸福生活作为教材，讲述好、宣传好人民领袖爱人民、人民领袖人民爱的生动故事。

第九篇

XINSHIDAI WENHUA GAIGE FAZHAN
ANLI XUANBIAN

落实和完善文化经济政策

北京建立健全艺术创作扶持政策体系

近年来，北京市把加强舞台艺术精品创作作为重点任务，聚焦选题、排练、演出等关键环节，先后设立北京文化艺术基金，建立剧目排练中心和剧院运营服务平台，健全完善覆盖艺术创作全链条的扶持机制，努力为出精品、出人才、出效益营造良好的政策环境。2017—2021 年市属 14 家文艺院团（含国家大剧院）推出新创剧目 193 台，推出《天路》《母亲》《人民英雄纪念碑》等一批精品力作，连续 3 届均有作品获得文华奖。

一、着眼创作源头，设立市级文化艺术基金

2016 年 6 月，发起设立北京文化艺术基金，形成政府主导、专家评审、面向社会的运作模式，持续激发精品创作的活力和动力，助力打造"大戏看北京"文化名片。基金以"扶持原创、推出精品，不断激发社会文化活力"为目标，围绕舞台艺术创作、文化传播交流、艺术人才培养等领域开展资助，兼顾美术、音

北京文化艺术基金资助项目舞剧《只此青绿》

乐等相关领域，资助规模每年 1 亿元左右。强化资金使用监督管理，坚持科学规范，实现专业化评审、全流程监督、全方位绩效。

二、打通关键环节，建立公共排练服务平台

北京演艺资源丰富，全市艺术表演团体已达 800 余家，其中 95% 以上为民营院团，但绝大部分都没有自己的排练厅，中央、市属院团的排练场地也满足不了需求。针对各类艺术团体“排练难、排练贵”的实际问题，通过政府购买服务的方式，整体租赁并改造老旧厂房，建立剧目排练中心，以优质低价的排练场地服务广大文艺工作者。排练中心共有 19 个功能不同、规模不等的排练厅，更衣室、道具间等辅助设施一应俱全，能够满足戏曲、话剧、舞蹈、音乐等多种艺术类型的排练需求。同时，还配有小

型会议室，用于新闻发布、交流展示、讲座沙龙等。作为非营利性公共文化设施，场地租金远远低于市场价格，吸引了众多艺术团体会聚于此。自 2015 年 11 月开业至 2021 年 12 月底，北京剧目排练中心共接待 658 家艺术团体、977 个排练剧目，签订排练使用合同 1384 份，排练厅使用 20773 间次。

三、抓好演出终端，建立剧院运营服务平台

针对租用剧场成本高、演出票价高、剧场使用不平衡的问题，通过政府购买服务的方式，统筹资源，盘活存量，打造衔接艺术生产单位、演出场所和观众三方的剧院运营服务平台，年均采购各类剧场资源 200 个演出场次，以零场租或低场租方式提供给剧团。自 2015 年运行以来，累计推出 617 台剧目演出 1086 场，推送低价票 39 万余张，线下观剧总人数近 70 万人次，形成一定的品牌影响力。2021 年对剧院运营服务平台进一步优化升级，加大对优秀舞台艺术作品演出扶持力度，盘活用好各类专业剧场、演出空间资源，培育演出品牌，提升服务效能，搭建北京大戏好戏的推介展示平台。

河北着力落实和完善文化经济政策

近年来，河北省加大政策供给，强化政策落实，充分发挥文化经济政策的引导调控和激励保障作用，推动实现社会效益和经济效益相统一。

一、持续加大财政扶持

一是落实转企改制单位财政补贴。2016 年至 2020 年共安排省级转企改制单位财政补贴 3.06 亿元，用于离退休人员统筹内养老金和统筹外费用。二是统筹政府购买文化服务经费。2016 年至 2020 年，省级财政安排政府购买文化服务经费 9012 万元，主要用于向文化企业购买文化惠民演出活动。三是用好省级文化产业发展引导资金。2016 年至 2020 年共安排 17 亿元，主要用于培育骨干文化企业、构建现代文化产业体系、推动传统文化资源向现代文化产品转化、推动精品创作生产、推进省级文化产业引导股权投资基金建设等。

二、积极落实税收政策

落实文化体制改革相关税费政策，把握政策适用范围，分8批次认定发布293家转制文化企业。严格执行税收优惠流程，对文化企业所得税、房产税，党报党刊发行收入和印刷收入增值税，以及经营性文化事业单位转制中资产评估增值、资产转让或划转涉及的相关税费等进行减免。2016年至2020年累计享受税收优惠33.23亿元，其中，转制文化企业享受税收优惠27.22亿元，8971家非转制文化企业享受税收优惠6.01亿元。

三、切实加强金融支持

积极支持文化企业与资本市场对接，加快完善省金融服务平台功能，提高涉企数据整合和利用能力，及时掌握文化企业和项

◎ 文化惠民演出不断增强人民群众文化获得感幸福感

目融资需求，组织开展融资对接活动。2021 年年末，全省文化体育和娱乐业各项贷款余额 200.7 亿元，较年初增加 20.1 亿元。省委宣传部设立省级文化产业引导股权投资基金，采取“母子基金”模式运作，委托河北出版传媒集团、河北日报报业集团、河北广电传媒集团 3 家省属文化企业分别发起设立和运营管理 3 支子基金，基金总规模约 21 亿元。

四、着力增强科技赋能

发挥头部企业在创新模式和融合发展中的作用，加大文化领域高新技术企业的培育力度，鼓励中小企业向“专精特新”方向发展。鼓励各地培育新业态新应用新模式，促进影视服务、创意设计、动漫游戏、数字出版等产业集群建设。发挥国家文化和科技融合示范基地的引领示范作用，加快培育孵化新型文化企业，推动优势产业集聚。2016 年以来，推荐审核立项实施省级文化科技计划项目 19 个，争取专项资金支持 435 万元，配套自筹经费 1259.57 万元。

江苏强化文化改革发展政策保障

江苏省加强政策保障，在文化企业纾困、文旅市场复苏、文化科技融合、文化金融服务等方面，出台一系列针对性强的政策举措，为文化改革发展营造良好的政策环境。

一、助力文化企业纾困解难

应对新冠肺炎疫情影响，及时出台纾困惠企政策“文化业态创新十条”。省重点研发计划、省重大科技成果转化专项等对文化科技创新项目给予倾斜支持。省级现代服务业专项资金、省宣传文化专项资金、省电影专项资金等优先扶持电影、电视剧及网络视听作品等。落实税收减免政策，文化行业增值税小规模纳税人、小微企业和个体工商户减征“六税两费”，对文化行业小微企业年应纳税所得额 100 万元至 300 万元部分再减半征收企业所得税。加大文化行业小微企业增值税期末留抵退税政策力度。

二、引导文旅行业加快复苏

出台文旅行业专项扶持“苏六条”，调剂安排纾困资金1亿元，专项用于支持旅行社、旅游景区、演出经纪机构和小剧场、特色旅游饭店等市场主体纾困及旅游产业发展基金项目利息补贴。省财政对部分受疫情影响较为严重的地区安排文旅行业专项纾困资金4000万元。对受疫情影响严重的住宿餐饮、文体娱乐、旅游等行业纳税人暂免征收2022年房产税、城镇土地使用税。印发《促进文化和旅游消费若干措施》，出台省级夜间文化和旅游消费集聚区建设指南和评价指标，举办文旅消费季、文化和旅游项目融资集中签约活动，培育“姑苏八点半”等夜间文旅消费品牌。总结推广南京、苏州等文化消费城市经验，鼓励发放文化惠民卡。举办“中国旅游日”旅游惠民月活动，发布308条文旅惠民政策和180余项主题活动。举办乡村旅游节，推出20余项重点活动，促进“露营+”多样化发展。

三、支持文化科技深度融合

出台“促进文化科技融合20条”，培育优质文化科技企业成长为高新技术企业，享受相关税收优惠政策。建好用好国家文化和科技融合示范基地，推动文化和科技融合成果创新应用。加强政策规划指引，印发《促进文化产业竞争力提升行动计划（2022—2025年）》，明确打造文化科技融合中心和文化创意设计

◎ 无锡国家数字电影产业园

中心。实施文化科技创新等 8 大行动和 20 项重点工程。将文化和科技融合技术研发纳入省相关科技计划支持范围。重点解决文化科技中小微企业融资难题，推动符合条件的文化科技企业纳入省综合金融服务平台“受疫情影响小微企业融资绿色通道”。

四、提升文化金融服务水平

发挥文化金融服务中心和省级文化金融特色机构等融资平台功能，扩大“文创贷”“小微贷”“苏影保”等特色文化金融产品的覆盖范围和业务规模。搭建常态化政银企合作平台，累计授信额度 1014 亿元，探索实施党委政府、金融机构、文化企业共担风险补偿机制。发挥大运河文旅发展基金、紫金文化基金等引导作用，下调省级旅游产业发展基金利率 1 个百分点，调剂安排省级文化和旅游发展专项资金 1000 万元给予优质基金项目利息补贴。鼓励金融机构创新担保方式，向受疫情影响严重的企业发放循环授信、随借随还的贷款。协调国家开发银行授信额度 200 亿元支持大运河文化带建设，发行 5000 万元政府专项债用于大运河国家文化公园数字云平台建设。

四川创新推出“天府文产贷”破解文化企业融资难题

2020 年以来，四川省开展“天府文产贷”试点工作，创新使用财政专项资金，引导金融机构发放优惠贷款，对文化企业融资成本进行补助，对金融机构贷款损失进行分担，切实解决中小微文化企业融资难、融资贵问题。

一、丰富支持模式，实现“滚动循环”

“天府文产贷”建立风险补偿资金池，推出“担保 + 财政 + 银行”“保险 + 财政 + 银行”“财政 + 银行”等 3 种业务模式，综合利用贷款贴息、费用补贴、保费补贴、风险补偿等方式予以支持。其中，“担保 + 财政 + 银行”模式和“保险 + 财政 + 银行”模式，对贷款利息补贴 40%，对保险费、信用评级费、知识产权质押融资评估费补贴 50%，对担保费补贴 60%，资金池补偿贷款损失的 40%；“财政 + 银行”模式，对贷款利息补贴 40%，对信用评级费、知识产权质押融资评估费补贴 50%，资金池补偿贷款损失的 70%。金融机构与受托管理机构签订协议，均承诺按财政资金不低于 10 倍规模投放贷款，贷款结清后不再占用风险补偿资金，实现“滚动循环”。

二、统筹多方联动，驱动市场效能

通过公开招标方式，确定了信贷审批流程先进、风险防控能力强、服务效率高的 9 家银行和 3 家融资性担保公司，构建“政府 + 金融机构 + 受托管理机构”三位一体的合作方式。政府注重顶层设计，统筹多方联动，将“天府文产贷”试点纳入省“十四五”文化改革发展重点任务，明确时间表、路线图。多家金融机构形成市场竞争，促进费率降低，截至 2022 年 3 月底，贷款加权平均利率 4.154%，明显低于同期行业平均贷款利率。注重提高信用贷款的比例、抵质押物的抵质押率，明显降低企业融资门槛。国有大型

“天府文产贷”产品推介会

银行、地方性商业银行发挥各自市场优势，开发适用于文化产业发展的专属信贷产品。受托管理机构以“天府文产贷”为依托，创新“投贷联动”业务模式，打造文化金融服务产业链，引导产业基金对成长性显著的企业进行股权投资，助力文化企业高质量发展。

三、搭建线上平台，建立协作机制

搭建全流程线上平台，企业端可以申请贷款、申请补贴，银行端可以审查资料、审核贷款、申请补偿，受托管理者可以审核企业资质、监控流程，提高了放贷效率，实现“当天申请、当天发放”的最快放贷速度。针对“天府文产贷”试点工作，省委宣传部、省财政厅周密部署推动，委托四川文投集团进行管理，文投集团成立子公司专办，各金融机构安排专人负责。各方在省统计局的协助下，以平台为纽带，建立业务审批机制、问题沟通机制、对账机制，保障“天府文产贷”高效平稳运行。

四、持续探索创新，强化风险防控

探索共建以“志愿参与、同权同责”为原则的省市两级财政资金池，合力助推文化产业发展。为有效防范贷款风险，强化风险防控，建立对合作金融机构的绩效评价体系，运用大数据跟踪监测企业经营发展状况，预判风险、预报风险。研究行业政策，引导企业合理适度投资。同时，结合实地走访，实行“一户一策”，制定计划，化解风险。

湖北武汉优化政策供给
助力文化产业和旅游业疫后重振

近年来，湖北省武汉市积极应对新冠肺炎疫情对文化产业和旅游业的冲击影响，加大政策供给，优化发展环境，推动文化产业逆势上扬、旅游业加快复苏。2021 年，全市规模以上文化及相关产业企业实现营业收入 2545 亿元，较 2020 年、2019 年分别增长 22.7%、36.9%。2021 年全年接待游客 2.72 亿人次，实现旅游总收入 2920.84 亿元，分别恢复到 2019 年的 85.1% 和 81.8%。

一、做实政策保障

制定出台《武汉市关于支持文化产业高质量发展的若干举措》《武汉市加大有关文化企业纾困帮扶力度若干措施》《支持文化旅游业复苏发展的若干措施》等一揽子政策文件，对疫情影响较大的聚集型、外向型文化行业进行扶持，对文化出口、电影院线、旅游景区等领域给予补助，市区两级财政提前兑现文化和旅游企业各类奖补资金近 7 亿元。编制印发《武汉市文化产业发展

“十四五”规划》，对文化产业和旅游业发展的空间布局、重点产业、主要任务作出部署。制定出台《武汉市文化企业信贷支持奖补资金管理办法》，为文化和旅游企业量身定制旅游景区收益权支持贷款等金融产品，依托“汉融通”服务平台，对238个文化和旅游市场主体实际放款9.47亿元。

二、做优市场环境

联合金融部门召开文化产业上市后备种子企业工作座谈会，面对面为上市后备企业解决发展难题。推动成立文化金融服务中心，着力解决融资难、融资贵等现实问题。组织申报中小微企业纾困专项贷款4.95亿元，实际到位资金近1亿元。建立融资风险补偿机制，为211户文化和旅游小微企业提供248笔融资担保，业务总额1.46亿元。筹建“文化产业政策服务平台”，梳理汇总各级各类文化经济政策，“线上+线下”宣传介绍相关政策。邀请科技、商务、文旅、金融、税务等部门，围绕纾困帮扶措施、文化领域高新技术企业认定与服务、扶持会展行业发展、促进旅游行业复苏、文化企业所得税和增值税优惠等方面进行宣讲解读，进一步明晰政策条款、标准要求和申报办理流程。组织市、区有关部门现场回应企业诉求和建议，打通服务企业“最后一公里”。

三、做强市场主体

出台实施《武汉市特色文化产业园区认定促进办法（试

行)》，培育发展武汉创意天地、华中智谷、红T时尚创意街区等一批特色文化产业园区。调整充实武汉市文化产业重点项目库，涵盖武汉广电中心、华中智谷二期、光谷电竞中心等一批示范项目，培育壮大一批市场主体。推动20家重点旅行社与重点文艺院团、演出机构合作，将文化演艺项目转化为文化旅游产品。2021年，全市新登记住宿、餐饮市场主体2.8万个，新登记文化娱乐市场主体0.7万个。

四、做大文化品牌

举办首届中国（武汉）文化旅游博览会，参与人次298.8万，参展机构1062家，签约重点项目50个，总签约金额1655.86亿

2022年7月，第36届大众电影百花奖红毯仪式、颁奖典礼暨闭幕式在武汉举行

元。举办第36届大众电影百花奖颁奖典礼系列活动，储备一批数字影视产业招商项目。举办第十七届中国戏剧节、全国文化和旅游消费促进活动启动仪式和“中国旅游日”主会场活动等，组织开展文化展演进景区、进街区活动，集聚市场人气。多次开展文化和旅游招商引资活动，签约电竞产业基地等文化新业态项目50个，总投资2573亿元。